HERZOG
AUGUST
BIBLIO
THEK

Wolfenbütteler Hefte 40

Herausgegeben von der
Herzog August Bibliothek Wolfenbüttel

Wolfenbüttel 2023

Hole Rößler (Hrsg.)
unter redaktioneller Mitarbeit von Mira Marx

»Wir machen Bücher«

450 Jahre Herzog August Bibliothek

Bibliografische Information der Deutschen Nationalbibliothek:
Die Deutsche Nationalbibliothek verzeichnet diese Publikation in der Deutschen
Nationalbibliografie; detaillierte bibliografische Daten sind im Internet über
http://dnb.dnb.de abrufbar.

Bibliographic information published by the Deutsche Nationalbibliothek:
The Deutsche Nationalbibliothek lists this publication in the Deutsche
Nationalbibliografie; detailed bibliographic data are available on the Internet at
http://dnb.dnb.de.

© Herzog August Bibliothek Wolfenbüttel 2023

Das Werk einschließlich aller seiner Teile ist urheberrechtlich geschützt. Jede Verwertung außerhalb der engen Grenzen des Urheberrechtsgesetzes ist ohne Zustimmung der Bibliothek unzulässig und strafbar.
Das gilt insbesondere für Vervielfältigungen jeder Art, Übersetzungen, Mikroverfilmungen und für die Einspeicherung in elektronische Systeme.
Gedruckt auf alterungsbeständigem, säurefreiem Papier.

Vetrieb: Harrassowitz Verlag (in Kommission), www.harrassowitz-verlag.de
Druck: Memminger MedienCentrum Druckerei und Verlags-AG, Memmingen
Gestaltung: anschlaege.de
Printed in Germany

ISBN 978-3-447-12039-5
ISSN 9999-9133

INHALT

PETER BURSCHEL
Vorwort 7

HOLE RÖSSLER
Die Bibliothek von Wolfenbüttel – ein ›Tatort‹ des Wissens 10

MARGHERITA PALUMBO
Der forschende Bibliothekar
Gottfried Wilhelm Leibniz in der *Bibliotheca Augusta* 22

MANUEL ZINK
Lessing und die Herzogliche Bibliothek zu Wolfenbüttel 32

CHRISTIAN HEITZMANN
Aufwendige Gleichmacherei
Wolfenbütteler Kostbarkeiten im Faksimile 44

MIRA MARX
Wir machen Künstlerbücher
Die Bibliothek als Inspirationsort 54

GUDRUN SCHMIDT
»Wir machen Bücher« – wortwörtlich
Der Hausverlag der Herzog August Bibliothek 66

Dank 76

Bildnachweis 79

Verzeichnis der Autorinnen und Autoren 84

PETER BURSCHEL
Vorwort

Im Jahr 2022 feierte die Herzog August Bibliothek ihr 450-jähriges Jubiläum. Am Anfang stand am 5. April ein Festakt mit dem Bundespräsidenten und vielen anderen Gästen – und zugleich die Eröffnung einer Ausstellung, die nach einer Verlängerung bis zum 3. Oktober zu sehen war. Ihr programmatischer Titel: »Wir machen Bücher«.

Wir machen Bücher? Immer wieder fragten Besucherinnen und Besucher nach dem Titel der Ausstellung. Machen Bibliotheken, macht die Herzog August Bibliothek Bücher? Der konzeptionelle Fluchtpunkt der Ausstellung war das Nützlichkeits- und Fortschrittsversprechen des Wissens, das Gotthold Ephraim Lessing, aber auch andere Aufklärer immer wieder erneuerten. Eine Bibliothek, so Lessing, der dem Bücherhaus in Wolfenbüttel von 1770 bis zu seinem Tod 1781 vorstand, müsse an ihrem Nutzen gemessen werden, an ihrer Bedeutung für das Gemeinwohl. Das aber heißt: Eine Bibliothek müsse mehr sein als eine Ansammlung von Büchern, so wertvoll sie auch sein mögen, sie müsse zum Erkenntnisfortschritt beitragen, zu einem allgemeinen Wissenszuwachs – und deshalb nicht zuletzt zugänglich sein. Wir würden heute sagen: Sie müsse sich an den Bedürfnissen ihrer Nutzerinnen und Nutzer orientieren, ihre Bestände »sichtbar« und diskutierbar machen und nicht zuletzt ihre Anschaffungspolitik kommunizieren. Lessing sprach vor diesem Hintergrund von den »Taten« der Bibliothek, ohne die auch das Schreiben einer Bibliotheksgeschichte nur auf »Genealogie« hinauslaufen könne.

Die Ausstellung hat diese Forderung ernst genommen. Sie hat gezeigt, wie die Bücher der Herzog August Bibliothek immer neue Bücher hervorgebracht haben, gelehrte und weniger gelehrte, aber auch Editionen, Faksimiles, Romane – und nicht zu vergessen jene Inspirationen, jene Diskurse, ohne die Gelehrsamkeit, Wissenschaft – und damit Bildung –, ohne die Kunst und Kultur, ja, selbst bloßer Lese-Zeitvertreib ins Leere laufen müssen. Ganz davon abgesehen, dass die Herzog August Bibliothek seit vielen Jahrzehnten auch einen eigenen Verlag unterhält. Das sind die Taten der Bibliothek: »Wir machen Bücher«!

Das vorliegende *Wolfenbütteler Heft* dokumentiert die Jubiläumsausstellung, die viele Tausend Besucherinnen und Besucher aus aller Welt angezogen hat, und es vertieft sie zugleich. *Wir machen Bücher*: Das sind auch die Taten von jenen, die tagtäglich den Zugang zum Wissen ermöglichen, das sind die Taten der Mitarbeiterinnen und Mitarbeiter der Herzog August Bibliothek. Ihnen allen sei an dieser Stelle herzlich gedankt. Ein besonderer

Dank gebührt darüber hinaus Dr. Hole Rößler, der die Ausstellung konzipiert und kuratiert hat – und auf den auch die Initiative für dieses Heft zurückgeht. *Wir machen Bücher*: Auch dieses Heft ist eine der Taten der Bibliothek im Sinne Lessings.

Wolfenbüttel, im Februar 2023

Übrigens: Die Ausstellung *Wir machen Bücher* ist zwar abgebaut, seit Beginn des neuen Jahres aber als Online-Ausstellung zugänglich.

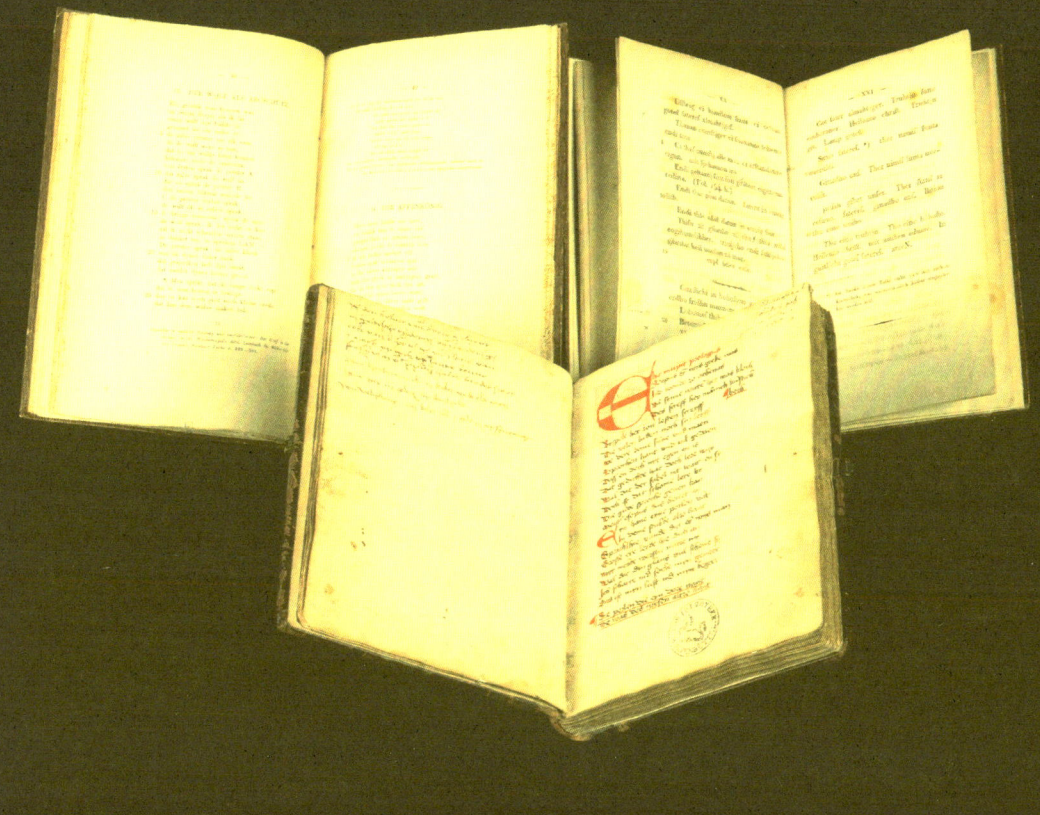

Ein gelehrter Poet studiert seine Vorgänger: August Heinrich Hoffmann von Fallersleben besuchte oftmals die Wolfenbütteler Bibliothek, wo er sich mit niederdeutscher und althochdeutscher Dichtung beschäftigte – darunter auch der von ihm intensiv benutzte »Wolfenbütteler Äsop«.

Abb. 1: Von der Prachthandschrift zum schlichten Duodezbändchen: Die erste Edition aus Herzog Augusts Sammlung (1621)

HOLE RÖSSLER
Die Bibliothek von Wolfenbüttel – ein ›Tatort‹ des Wissens

Wenn die Herzog August Bibliothek im Jahr 2022 ihr 450-jähriges Jubiläum feiert, verdankt sie dies nicht zuletzt ihrem einstigen Oberbibliothekar Otto von Heinemann (1824–1904). Heinemann lenkte die Geschicke der herzoglichen Büchersammlung über 35 Jahre, in denen er sich – ganz im Geiste der Geschichtsversessenheit seines Jahrhunderts – auch mit der Vergangenheit der Institution befasste. Aus den von ihm gesichteten Quellen erkannte er, dass es bereits im 16. Jahrhundert eine Hofbibliothek in Wolfenbüttel gegeben hatte: Am 5. April 1572 hatte Herzog Julius von Braunschweig-Lüneburg (1528–1589) die Bestallungsurkunde des ersten Bibliothekars unterzeichnet und damit unversehens das Gründungsdokument geschaffen, auf das sich jede Geschichte der Wolfenbütteler Bibliothek seit Heinemann bezieht.

1618 war die Hofbibliothek von Julius' Enkel, Herzog Friedrich Ulrich, fast vollständig an die Universität Helmstedt abgegeben worden. Als August der Jüngere von Braunschweig-Lüneburg (1579–1666), dem die heutige Einrichtung ihren Namen verdankt, mehr als zwanzig Jahre später die Regentschaft des Herzogtums übernahm und seine eigene Büchersammlung zur wahrscheinlich größten Bibliothek Nordeuropas ausbaute, war die Erinnerung an den einstigen Buchbestand schon verblasst. Weder August noch seine Nachfolger hatten Interesse daran, den Ruhm der *Bibliotheca Augusta* durch die Erwähnung eines Vorgängers zu relativieren.

Erst sehr viel später, als die einstmals zeitgenössischen Bücher der Bibliothek allesamt zum sogenannten Altbestand gereift waren und zugleich geschichtliche Herkunft einen kulturellen Wert darstellte, bot es sich an, die Anfänge der Bibliothek vorzuverlegen. Unredlich war das keineswegs, denn nachdem die Universität Helmstedt 1810 aufgelöst wurde, gelangte ein Großteil der einstigen *Bibliotheca Julia* wieder nach Wolfenbüttel. Doch zum Argument wurde das Alter der Institution erst mehr als ein halbes Jahrhundert später.

So hat jede Zeit und jede Generation einen eigenen Blick auf die Bibliothek und deren Geschichte – und dieser Blick ist freilich niemals ganz interesselos. Und doch empfiehlt sich bisweilen eine Rückschau auf frühere Ansätze, um eine frische Perspektive für die Gegenwart zu gewinnen.

Im Mai 1770 wurde Gotthold Ephraim Lessing von Herzog Carl I. von Braunschweig-Lüneburg zum Leiter der Herzoglichen Bibliothek in Wolfenbüttel bestellt. Nachdem er seinen Dienst angetreten hatte, machte sich Lessing bald mit den Veröffentlichungen zur Geschichte seiner neuen Wirkungsstätte vertraut. Offenbar wenig angetan von der Lektüre stellte er sich die Frage, worauf es denn eigentlich ankomme, bei der Abfassung einer Bibliotheksgeschichte. »Nicht darauf,« schreibt Lessing, »daß man die gleichgültigeren Umstände ihrer Entstehung und ihrer allmäligen Vermehrung mit einer ängstlichen Gewissenhaftigkeit her erzählet; das wäre höchstens die Genealogie der Bibliothek«. Vielmehr müssen man zeigen, »wozu es denn nun auch der Gelehrsamkeit und den Gelehrten genutzt habe, daß so viele Bücher mit so vielen Kosten hier zu Haufe gebracht worden. Das allein sind die Thaten der Bibliothek: und ohne Thaten giebt es keine Geschichte.«[1]

In diesen Worten formulierte sich nichts weniger als ein Bruch mit der seit mehr als einem Jahrhundert intensiv gepflegten Imagepolitik des Fürstenhauses: Noch zu Lebzeiten Herzog Augusts waren Publikationen erschienen, die Aufbau und Unterhalt, Qualität und Ordnung der vielleicht größten Büchersammlung Europas als beispiellose und wundersame Leistungen eines außergewöhnlich gelehrten Herrschers priesen. Spätere Darstellungen wiederholten die Gründungsgeschichte und stilisierten die Bibliothek zum Denkmal Augusts – was nicht zuletzt auch seinen Nachfolgern zu Ruhm gereichte, die dieses Erbe pflegten. Lessing hingegen rechnet Gründung (und Gründer) unumwunden unter die »gleichgültigeren Umstände« in der Geschichte der Bibliothek. Wenn er stattdessen auffordert, allein ihren Nutzen zu betrachten, folgt er einem zeittypischen Gestus der Aufklärung: In der Betonung der Nützlichkeit formulierte sich immer auch eine implizite Kritik an Güterhäufung und Verschwendung durch den Adel. Wert und Legitimität einer Sache sollten sich hingegen an ihrer Bedeutung für das Gemeinwohl ermessen lassen.

Lessing, dessen Auskommen vom Wohlwollen seines herzoglichen Dienstherrn abhing, hätte die Frage nach dem Nutzen der Wolfenbütteler Bibliothek vermutlich kaum aufgeworfen, wenn er sie nicht besonders vorteilhaft zu beantworten gewusst hätte. Noch »viel sicherer« als seine Vorgänger könne er behaupten, »daß in diesem Jahrhunderte schwerlich eine Bibliothek in Europa so viele und so wichtige Beyträge zu so mancherley Theilen der Gelehrsamkeit geliefert hat, als die Unsrige«.[2] Tatsächlich ist diese Feststellung im Rückblick sehr viel weniger übertrieben, als sie auf den ersten Blick scheinen mag. Entscheidender ist jedoch Lessings Losung von der Bibliothek als einem Ort der »Tat«: Nicht als repräsentative Wertanlage und auch nicht als Vorrat literarischer Zeitvertreiber entfaltet eine Bibliothek ihr größtes Potenzial, sondern wenn ihre Nutzung zu Erkenntnisfortschritt und Wissenszuwachs führt. Wenn diese neuen Erkenntnisse und das

---

[1] GOTTHOLD EPHRAIM LESSING: Vorrede, in: Zur Geschichte und Litteratur 1 (1773), S. 3–9, hier S. 4.

[2] Ebd., S. 5.

Abb. 2: Ein gelehrter Fürst mit Sendungsbewusstsein: Drei Werke aus der Feder Herzog Augusts

gewonnene Wissen in bewährter Form – als Buch – niedergelegt werden, lässt sich mit allem Recht sagen, dass eine Bibliothek nicht nur Bücher hat, sondern auch ›macht‹. Wie es ohne Bücher keine Bibliotheken gäbe, wäre die Mehrzahl aller Bücher ohne Bibliotheken nie geschrieben worden. Wer Bücher schreiben will, muss Bücher lesen. Mit Blick auf die »Taten«, also auf die Bücher, die seit ihrer Gründung vor 450 Jahren aus ihr hervorgegangen sind, kann man sagen, die Wolfenbütteler Bibliothek ist ein ›Tatort‹ des Wissens. Und angesichts der zahlreichen Forscherinnen und Forscher, die jedes Jahr mit den reichen Beständen arbeiten, ist sie es vielleicht heute mehr denn jemals zuvor.

Die »Thaten der Bibliothek« fallen in Form, Inhalt und Absicht recht unterschiedlich aus. Lessing dachte in erster Linie an Editionen antiker und mittelalterlicher Handschriften. Das war naheliegend nicht nur aufgrund der Renaissance der Philologie im späten 18. Jahrhundert, sondern auch, weil die Geschichte der Editionen in Augusts Sammlung schon früh einsetzte. Bereits 1621 war eine Florentiner Handschrift des späten 15. Jahrhunderts aus seinem Besitz in den Druck übertragen worden (Abb. 1). Seit dem 17. Jahrhundert wurden – bis heute – seltene, kostbare und wissenschaftlich relevante Werke aus dem Bestand der Wolfenbütteler Bibliothek als Edition oder als Faksimile veröffentlicht.[3] Das hatte Lessings nicht minder berühmter Vorgänger Gottfried Wilhelm Leibniz 1690 in einem Memorandum an seinen herzoglichen Dienstherrn sogar als einen wesentlichen Zweck der Institution dargestellt: »Soviel den gebrauch einer großen Haupt-Bibliothec betrifft, so bestehet solcher [auch darin], das man [...] zu zeiten ein und anders ediren laße, welches sowohl reipublicae et literariae [in politischen und gelehrten Belangen] dienlich, als auch denen Serenissimis possesoribus [den durchlauchtigsten Besitzern] glorios und rühmlich.«[4]

Etliche unbekannte und vergessene Quellen wurden von heute vergessenen wie auch von anhaltend berühmten Gelehrten entdeckt und erschlossen, etwa von Johann Georg von Eckhart, Christian Thomasius, Gottlieb Korte, Franz Anton Knittel und Hoffmann von Fallersleben und nicht zuletzt auch von Leibniz und Lessing selbst.[5] Angesichts der vielen historischen und philologischen Früchte kam der Historiker Paul Zimmermann (1854–1933) noch rund hundert Jahre nach Lessing zu einem ganz ähnli-

---

3 Siehe dazu den Beitrag von Christian Heitzmann im vorliegenden Band.
4 GOTTFRIED WILHELM LEIBNIZ: Promemoria über die Bedeutung, den Ausbau und die Benutzung der Wolfenbütteler Bibliothek. Hannover, Niedersächsisches Landesarchiv: Hann. 153 Acc. 2004/107 Nr. 1, Bl. 126–129.
5 Siehe dazu auch die Beiträge von Margherita Palumbo und Manuel Zink im vorliegenden Band.

Abb. 3: Auf der Suche nach ›Liebe‹ in der Bibliothek fündig geworden: Friedrich von Ramdohrs »Venus Urania« (1798)

chen Urteil: »Kaum ein Schriftsteller vergangener Zeiten, dessen Werke in zahlreichen Handschriften überliefert sind, kann herausgegeben werden, ohne daß nicht auch Wolfenbütteler Manuscripte dabei benutzt würden.«[6]

Vorwiegend waren es allerdings gelehrte Abhandlungen – und sind es heute geisteswissenschaftliche Studien –, zu denen die Wolfenbütteler Bibliothek anregt und die sie ermöglicht. Bemerkenswert ist, dass Herzog August selbst mehrere Werke verfasste, für die er auf seine Büchersammlung zurückgriff und in die sie nach ihrer Drucklegung aufgenommen wurden (Abb. 2). Unter dem Pseudonym »Gustavus Selenus« veröffentliche er *Das Schach- oder König-Spiel* (1616), das erste deutschsprachige Schachlehrbuch, sowie die *Cryptomenytices et Cryptgraphiae Libri IX* (1624), eine historische und systematische Darstellung von Verschlüsselungsmethoden und ›Geheimschreibekünsten‹, für deren Abfassung sich August auf rund 200 einschlägige Titel in seinem Besitz stützen konnte. Auf dem Frontispiz seiner *Evangelischen Kirchen Harmonie* (1646), eine aus den vier Evangelien zusammengestellte Nacherzählung des Lebens und der Passion Christi, ließ sich der Herzog gar als gelehrter Autor darstellen: in der einen Hand die Schreibfeder, mit der andern in einem Buch blätternd – so entstanden gelehrte Bücher.

Die fachliche Universalität der Wolfenbütteler Bibliothek bedingt eine große thematische Vielfalt der aus ihr entspringenden Werke. Deren Spektrum reicht von der erzgelehrten Detailstudie bis zur Materialsammlung über die Unergründlichkeiten des menschlichen Herzens: Der Jurist und Schriftsteller Friedrich Wilhelm Basilius von Ramdohr (1757–1822) hatte schon mehrere unglückliche Liebschaften hinter sich, als er mit seinem Werk *Über die Natur der Liebe* (1798) begann (Abb. 3). Sein Amt als Oberappellationsrat in Celle ließ ihm genügend Zeit für eine Reise nach Wolfenbüttel, wo er sich im August 1796 vier Tage lang aufhielt und nicht weniger als 69 italienische Abhandlungen über die Liebe entlieh.

Neben gelehrten Fachbüchern brachte die Bibliothek auch kleinere und größere Werke der schönen Literatur hervor. Herzog Anton Ulrich (1633–1714), der zweitgeborene Sohn Augusts, widmete sich in seinen Nebenstunden ausgiebig der Poesie. Neben Gedichten, Dramen und Singspielen verfasste Anton Ulrich auch Romane, deren Sprache ebenso wie ihr Umfang als »barock« bezeichnet werden können. An seinem sechsbändigen Hauptwerk, der *Römischen Octavia*, arbeitete er fast vier Jahrzehnte (Abb. 4). Hilfe bei der Bewältigung des historischen Stoffs fand er in der väterlichen Bibliothek,

---

6 Wahrm und Unverhohlen [i. e. Paul Zimmermann]: Die Wolfenbüttler Bibliothek und das Bibliothekswesen im Herzogthume Braunschweig. Ein wohlgemeinter Mahnruf, Hannover: Culemann 1878, S. 4 f.

Abb. 4: Vieler Hände und vieler Bücher Werk: Herzog Anton Ulrichs »Die Römische Octavia« (1685–1707)

der er und seine Assistenten die dringend benötigten Abhandlungen über die römische Geschichte entnahmen, die den Rahmen der Romanhandlung bildet. Natürlich fand auch die *Octavia* einen Platz in den Regalen, doch nie für lange: Wie die Ausleihbücher verraten, war der Roman im ganzen 18. Jahrhundert eine beliebte Lektüre bei den Hofdamen.

Literarisch produktiv wirkte die Bibliothek aber auch in ganz anderer Weise. Das 1975 gegründete und sukzessive erweiterte Stipendienprogramm bietet jungen ebenso wie etablierten Wissenschaftlerinnen und Wissenschaftlern die Möglichkeit eines mehrmonatigen Aufenthalts in Wolfenbüttel, um in dieser Zeit Handschriften und Alte Drucke studieren zu können. Die besondere Atmosphäre wie auch die sozialen Dynamiken, die aus dem Aufeinandertreffen von fachlich und kulturell sehr unterschiedlichen Expertinnen und Experten in der metropolenfernen Lage einer niedersächsischen Kleinstadt resultieren können, sind Ausgangspunkt und Gegenstand von Uta Treders (1943–2013) Roman *Die Alchemistin* (1993) sowie von Anna Katharina Hahns (Jg. 1970) Erzählung *Madonna Lactans* (2000).

Inspirierende Wirkung entfaltet die Bibliothek immer wieder auch auf Künstlerinnen und Künstler. Die Ästhetik des alten Buchs und das in ihm überlieferte vergessene Wissen bieten Anknüpfungsmomente für alternative Weltzugänge. Und manch ein Kunstwerk, das aus dem Zusammenstoß von Buch und Kopf erwächst, hat selbst Buchform und findet so – als Künstlerbuch – wiederum Eingang in die Bibliothek.[7] Sogar ein gedrucktes Buch aus dem Hausverlag der Bibliothek kann durch künstlerische Invention zum Unikat werden (Abb. 5).[8]

Nicht zuletzt wurden seit dem 17. Jahrhundert Bücher über die Bibliothek geschrieben, die ihre Geschichte, Bestände und besonderen Qualitäten schildern. Viele der Autoren waren der Bibliothek persönlich verbunden: Als Beamte des Herzogs, Bibliothekare, Angestellte oder Direktoren hatten sie gute Gründe, die Bibliothek in ein günstiges Licht zu rücken. Die von ihnen beschriebenen Vorzüge veränderten sich über die Jahrhunderte und künden vom Wandel der Absichten und Erwartungen, die sich mit dem Wolfenbütteler Bücherschatz verbanden. Im 17. und 18. Jahrhundert überwog das Interesse, die Bibliothek als Mittel der Repräsentation auch über entsprechende Publikationen zu nutzen. Mit Lessing begann eine zweite Phase, in der kleinere und größere Veröffentlichungen die Bibliothek vor allem Gelehrten als Lagerstätte ungehobener Schätze empfahlen. Nach dem Zweiten Weltkrieg, als die ehemalige Hofbibliothek schrittweise in eine moderne Forschungsbibliothek umgewandelt wurde, geben die Publikationen

---

7   Siehe dazu den Beitrag von Mira Marx im vorliegenden Band.
8   Zum Hausverlag siehe den Beitrag von Gudrun Schmidt im vorliegenden Band.

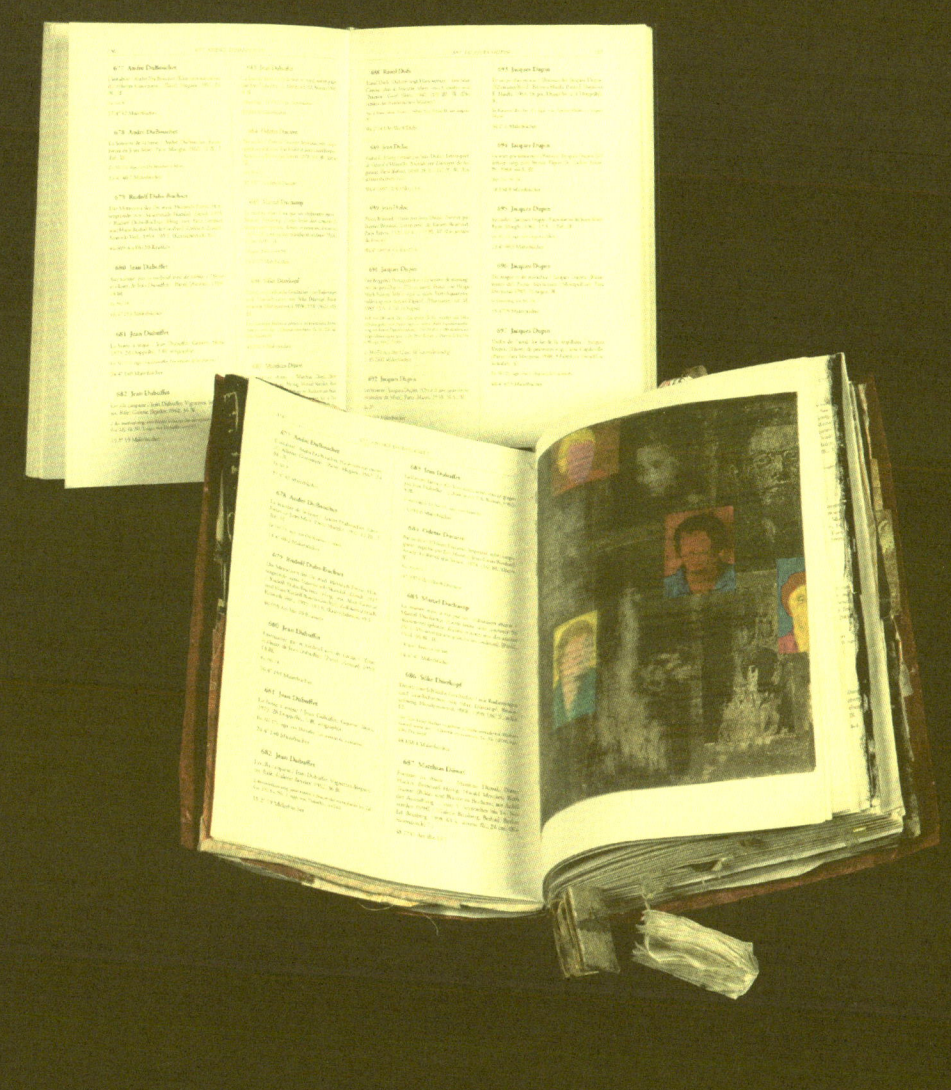

Abb. 5: 2005 verwandelte Gertrud Boernieck den Katalog der Wolfenbütteler Künstlerbücher in ein unikales Künstlerbuch.

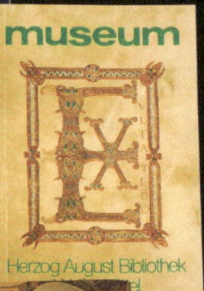

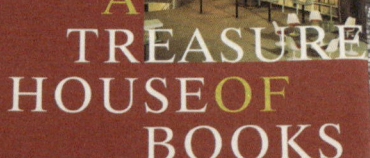

Abb. 6: Die Forschungsbibliothek im Buch: Publikationen aus den Jahren 1985 bis 2011

Einblick in die Institution, ihre neuen Aufgaben und Vorhaben – und vergessen dabei nicht, auf das kulturelle und wissenschaftliche Potenzial hinzuweisen (Abb. 6).

Seit 450 Jahren ist die Wolfenbütteler Bibliothek ein Ort der Bücher – nicht nur der Bücher, die sie erwirbt und besitzt, sondern auch der Bücher, die sie ›macht‹. Das vorliegende Heft bildet da keine Ausnahme.

Weiterführende Literatur

PETER BURSCHEL: Die Herzog August Bibliothek. Eine Geschichte in Büchern, Berlin 2022.

PETER GANZ u. a. (Hrsg.): Wolfenbütteler Cimelien. Das Evangeliar Heinrichs des Löwen in der Herzog August Bibliothek, Ausst.-Kat. Wolfenbüttel, Weinheim 1989.

HELMAR HÄRTEL: Der Nutzen der Gudischen Handschriften für den Ruhm der Wolfenbütteler Bibliothek, in: Wolfenbütteler Beiträge. Aus den Schätzen der Herzog August Bibliothek 14 (2006), S. 145–154.

OTTO VON HEINEMANN: Die Herzogliche Bibliothek zu Wolfenbüttel. Ein Beitrag zur Geschichte deutscher Büchersammlungen, Wolfenbüttel 1894.

MECHTHILD RAABE: Die Fürstliche Bibliothek zu Wolfenbüttel und ihre Leser. Zur Geschichte des institutionellen Lesens in einer norddeutschen Residenz 1664–1806, Wolfenbüttel 1997.

GÜNTHER SCHEEL: Leibniz' Beziehungen zur Bibliotheca Augusta in Wolfenbüttel (1678–1716), in: Braunschweigisches Jahrbuch 54 (1973), S. 172–199.

Abb. 1: Der gelehrte Bibliothekar: Gottfried Wilhelm Leibniz im Porträt (1700 - 1720)

MARGHERITA PALUMBO
Der forschende Bibliothekar
Gottfried Wilhelm Leibniz in der *Bibliotheca Augusta*

Im September 1690 boten die Herzöge Rudolf August und Anton Ulrich von Braunschweig-Lüneburg Gottfried Wilhelm Leibniz (Abb. 1) die Leitung der *Bibliotheca Augusta* in Wolfenbüttel an. Der Gelehrte beaufsichtigte bereits seit Dezember 1676 die Hofbibliothek in Hannover, so dass ihm diese Aufgabe keineswegs fremd war. Obwohl die Bestallungsurkunde selbstverständlich auch von seinem älteren Bruder Rudolf August unterzeichnet wurde, ging die Initiative von Anton Ulrich aus. Letzterer versuchte sich gegenüber dem Herzog von Hannover, Ernst August, zu profilieren, dessen Machtposition auf dem europäischen Parkett zusehends stärker wurde. Anton Ulrichs Absichten waren eindeutig. Er wollte sein kleines Fürstentum in eine Art Musensitz verwandeln, mit Akademien, Lustschlössern, Opernhäusern und einer Bibliothek, die nun von einem Gelehrten ersten Ranges geleitet werden sollte. Im August 1690 hatten sich Leibniz und der Herzog in Braunschweig getroffen und – wie aus der Korrespondenz hervorgeht – über die Pläne für die Bibliothek diskutiert sowie höchstwahrscheinlich auch darüber, auf welchem Weg Leibniz' Dienstherr Ernst August zu einer Zustimmung zu bewegen wäre. Im Leibniz-Nachlass in der Gottfried Wilhelm Leibniz Bibliothek Hannover liegt ein Entwurf der Bestallungsurkunde aus Leibniz' Feder vor, dessen Text in diesem Zusammenhang vielsagend ist. Zum einen werden Leibniz' Qualitäten *in literaria et libraria* – in gelehrten und bibliothekarischen Angelegenheiten – aufgezählt, zum anderen wird auch die Geschichte der Welfen explizit genannt, mit deren Abfassung Ernst August Leibniz 1685 beauftragt hatte. Ein strategischer Schachzug, denn durch seine neue Anstellung wurde Leibniz zusätzlich von den Herzögen der Linie Braunschweig-Wolfenbüttel – eigentlich der älteste Zweig des Welfenhauses – mit dieser Arbeit betraut. Und besser noch: Die berühmte *Bibliotheca Augusta*, Stolz der Herren von Braunschweig-Wolfenbüttel, würde entscheidend zu einer möglichst schnellen Fertigstellung von Leibniz' *opus historicum* beitragen. Unter diesen vielversprechenden Aussichten billigte Ernst August das zusätzliche Amt. Die Nachricht von Leibniz' Bestallung in Wolfenbüttel sprach sich rasch herum: Der hannoversche Gesandte am Reichstag zu Regensburg Christoph Weselow gratulierte Leibniz und fügte hinzu, er könne sich nun mit Recht »Bibliothécaire General de toute la Se-

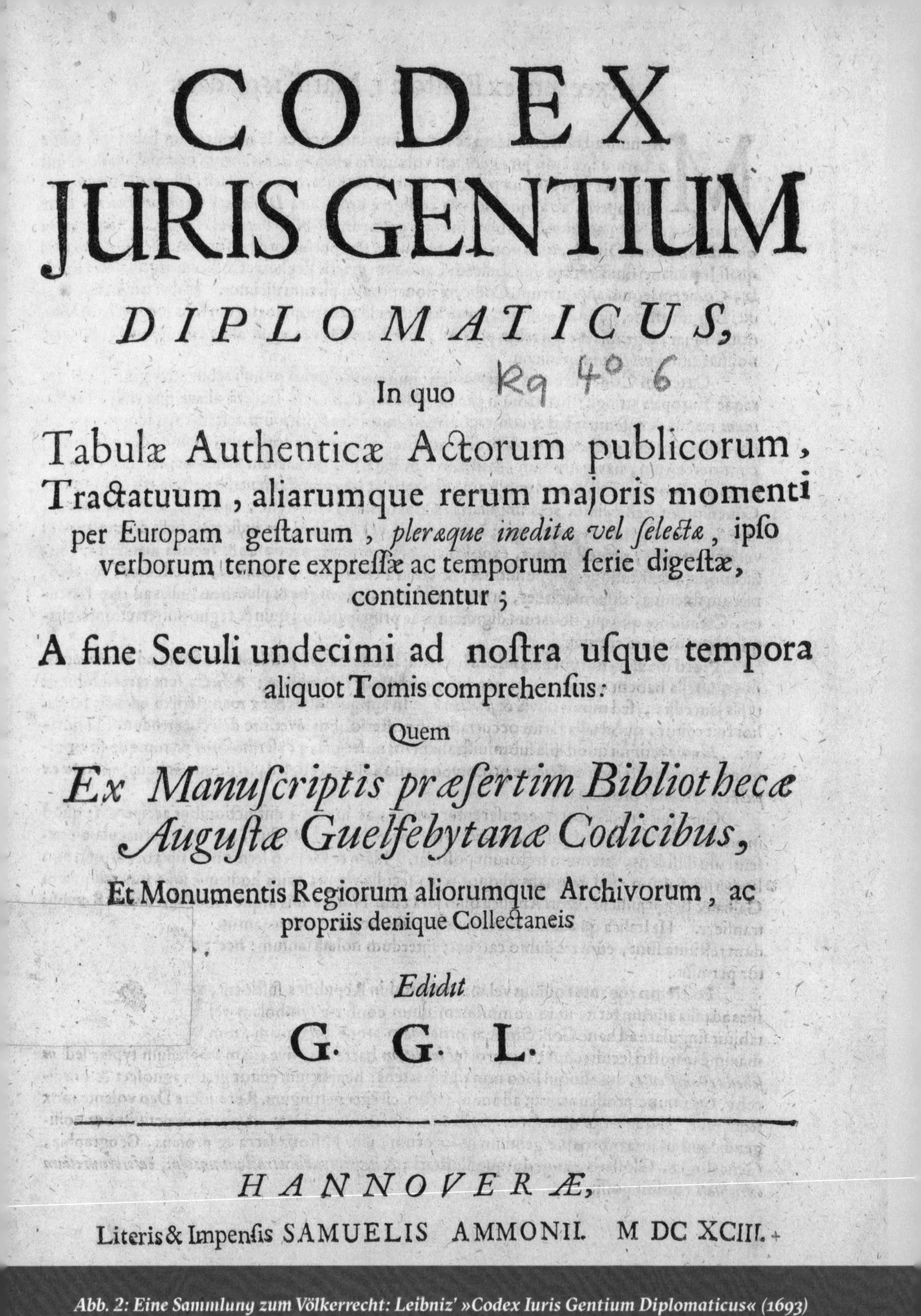

CODEX JURIS GENTIUM

DIPLOMATICUS,

In quo

Tabulæ Authenticæ Actorum publicorum, Tractatuum, aliarumque rerum majoris momenti per Europam gestarum, *pleræque ineditæ vel selectæ*, ipso verborum tenore expressæ ac temporum serie digestæ, continentur;

A fine Seculi undecimi ad nostra usque tempora aliquot Tomis comprehensus:

Quem

Ex Manuscriptis præsertim Bibliothecæ Augustæ Guelfebytanæ Codicibus,

Et Monumentis Regiorum aliorumque Archivorum, ac propriis denique Collectaneis

Edidit

G. G. L.

HANNOVERÆ,

Literis & Impensis SAMUELIS AMMONII. M DC XCIII.

Abb. 2: Eine Sammlung zum Völkerrecht: Leibniz' »Codex Iuris Gentium Diplomaticus« (1693)

renissime maison de Brounsvic« – »Haupt-Bibliothekar des Gesamthauses Braunschweig« – nennen.[1]

26 Jahre, bis zu seinem Tode im Jahre 1716, hatte Leibniz die Aufsicht über die herzogliche Bibliothek zu Wolfenbüttel, eine der berühmtesten Bibliotheken der europäischen Barockzeit. Ab dem Herbst 1690 wurde Wolfenbüttel für Leibniz ein regelmäßiges Reiseziel. Alle Bibliotheksangelegenheiten sind in der dienstlichen Korrespondenz mit den Sekretären Johann Georg Sieverds und Johann Thiele Reinerding sowie nach 1704 mit dem Bibliothekar Lorenz Hertel dokumentiert.

Durch sein Amt hatte Leibniz einen privilegierten Zugang zum Wolfenbütteler Buchbestand, der sehr viel umfangreicher und prächtiger war als der des Hannoveraner Hofes. Bemerkungen über die in Wolfenbüttel aufbewahrten Handschriften und Drucke durchziehen seine Briefe wie auch seine Abhandlungen.

Die Forschung hat in diesem Zusammenhang vorwiegend Leibniz' Tätigkeit als Herausgeber von historischen, juristischen und kirchenpolitischen Dokumenten betrachtet, dessen Quellenkorpus durch die Wolfenbütteler Bibliothek wesentlich erweitert wurde. Beispielhaft dafür ist die Entstehung des *Codex juris gentium diplomaticus*, eine Sammlung von völkerrechtlich relevanten Urkunden und Verträgen, die 1693 in Hannover erschien und auf deren Titelblatt die Herkunft explizit erwähnt und typographisch hervorgehoben wird: »Ex manuscriptis praesertim Bibliothecae Augustae Guelferbytanae codicibus« – »Aus Handschriften, besonders solchen der Bibliotheca Augusta zu Wolfenbüttel« (Abb. 2). In der Tat stammen die im *Codex* erstmals veröffentlichten Rechtstexte überwiegend aus den sogenannten Mazarinischen Handschriften (Abb. 3). Diese Sammlung von Urkunden, die der Diplomat Abraham de Wicquefort für Herzog August den Jüngeren hatte in Paris kopieren lassen, stammt hauptsächlich aus der Bibliothek des Kardinals Jules Mazarin und umfasste ursprünglich 400 Foliobände.

Auch für die Fortsetzung des *Codex*, die 1700 gedruckte *Mantissa codicis juris gentium diplomatici*, griff Leibniz auf die Wolfenbütteler »Mazarinen« zurück. Die Gottfried Wilhelm Leibniz Bibliothek besitzt Leibniz' Notizen zu beiden Werken, die einen kostbaren Einblick in seine Beschäftigung mit den Wolfenbütteler Beständen bieten. Dass Leibniz in den »Mazarinen« auch eine geradezu unerschöpfliche Fundgrube für die Geschichtsschreibung sah, zeigt das 1696 in Hannover erschienene *Specimen historiae arcanae sive Anecdotae de vita Alexandri VI. Papae*, ein Auszug aus dem Tagebuch

---

1 Christoph Weselow an Gottfried Wilhelm Leibniz, 14./24. Dezember 1691, in: GOTTFRIED WILHELM LEIBNIZ: Sämtliche Schriften und Briefe, hrsg. vom Leibniz Archiv u. der Leibniz-Forschungsstelle Hannover, Reihe I (Allgemeiner politischer und historischer Briefwechsel), Bd. 7, Berlin 1964, Nr. 263, S. 480–481, hier S. 480.

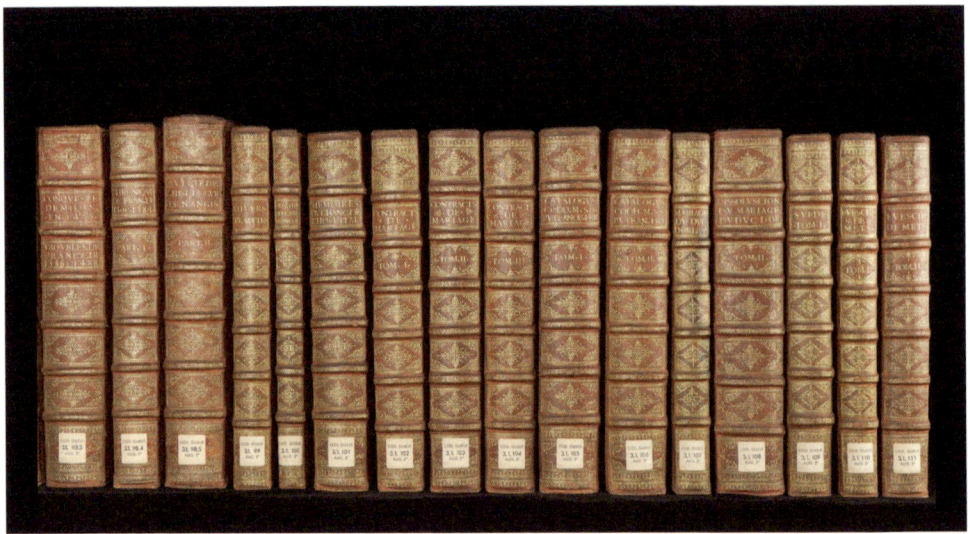

Abb. 3: *Staatsaffären in Maroquinleder: 16 von 348 Bänden der sogenannten Mazarinischen Handschriften (1648–1654)*

des päpstlichen Zeremonienmeisters Johann Burchard (Cod. Guelf. 3.1.295 Aug. 2°), das von den skandalösen Zuständen unter dem Pontifikat Alexanders VI. (Rodrigo Borgia) berichtet. Auch für die zweibändige *Accessiones historicae* (1698), eine Sammlung mittelalterlicher Quellen, griff Leibniz auf die Wolfenbütteler Handschriftenbestände zurück.

Ebenso spielte die Wolfenbütteler Bibliothek bei den Recherchen für die bereits erwähnte Geschichte des Welfenhauses, die zur Veröffentlichung der dreibändigen *Scriptores rerum Brunsvicensium illustrationi inservientes* (1707–1711) führen sollten, sowie für die unvollendete Sammlung der *Annales Imperii Occidentis Brunsvicenses*, die posthum 1843–1846 von Georg Heinrich Pertz publiziert wurde, eine wichtige Rolle (Abb. 4). Leibniz hatte mit dem Sammeln des Materials schon kurz nach seinem Amtsantritt begonnen. Bereits 1692, bei den ersten Planungen zur Edition nimmt er Bezug auf Wolfenbütteler Handschriften. Unermüdlich recherchierte Leibniz im Laufe der Jahre in Wolfenbüttel und ließ relevante historische Manuskripte kollationieren, exzerpieren und oft auch vollständig transkribieren. Nicht selten – wie die Ausleihbücher und die Korrespondenz mit dem Bibliothekssekretär Reinerding zeigen – wurden Bände auf Leibniz' Wunsch hin nach Hannover geschickt. So etwa Henricus Bodos zwischen 1523 und 1532 entstandene Chronik des Benediktinerklosters Clus bei Gandersheim (*Chronica ecclesiae Gandesianae*; Cod. Guelf. 19.13 Aug. 4°), die Ende März 1698 nach Hannover gesandt wurde und, aus der Auszüge in den Bänden der *Scriptores rerum Brunsvicensium* veröffentlicht werden sollten. Das Quellensammeln

BRVNSVIC. PICTVRATVM.

Abb. 4: Heinrich der Löwe und Mathilde von England vor dem Braunschweiger Löwen. Von Leibniz veröffentlichte Kopie eines Holzschnitts aus Cord Botes Sachsenchronik (1492)

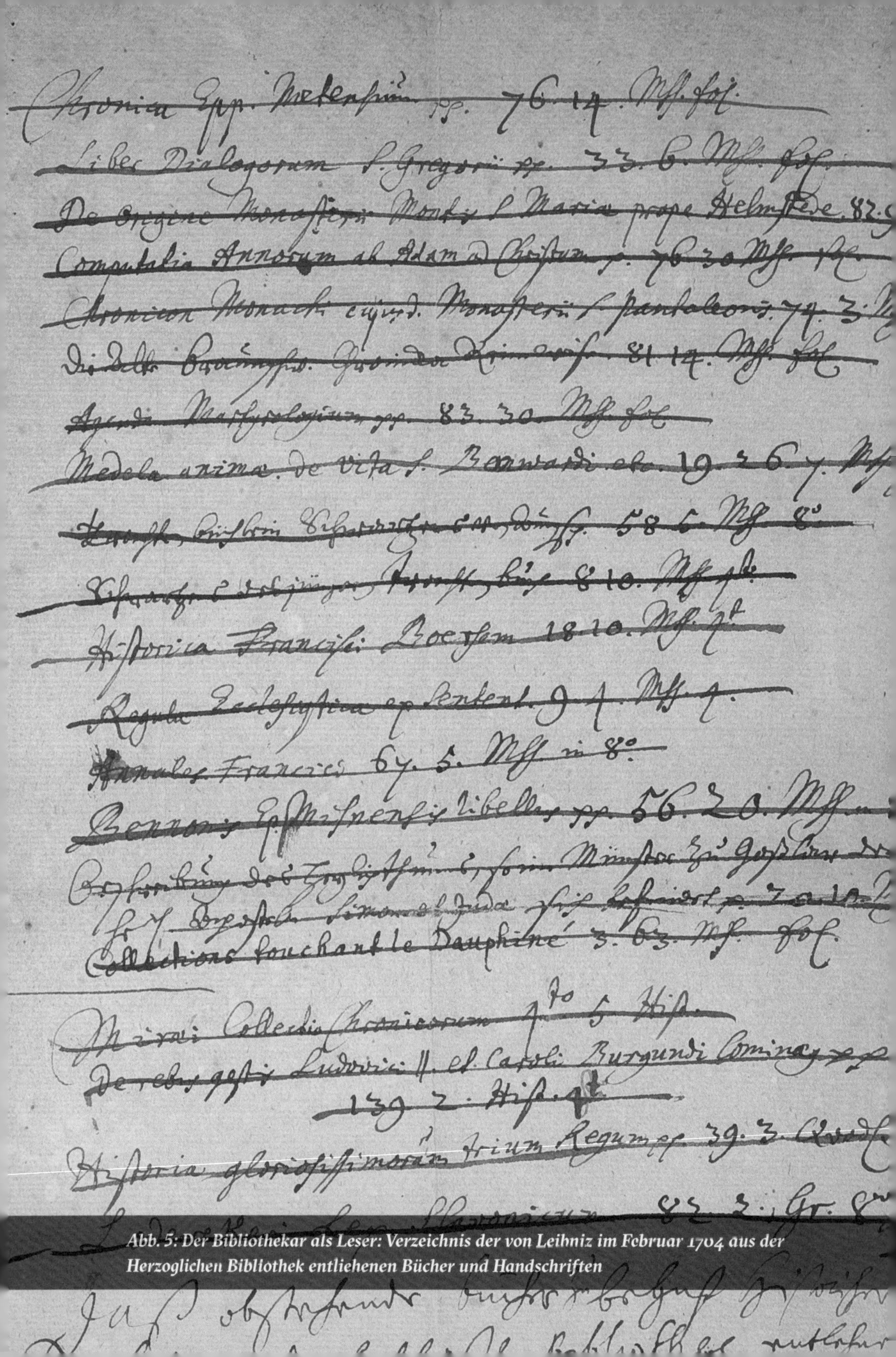

Chronica Epp. Merseburg. pp. 76. 14. Mss. fol.
Liber Dialogorum S. Gregorii pp. 33. 6. Mss. fol.
De origine Monasterii Montis S. Mariae prope Helmstede. 82. 9.
Computatio Annorum ab Adam ad Christum. 76. 30. Mss. fol.
Chronicon Monach. eiusd. Monasterii S. Pantaleonis. 74. 3. Mss.
Diversa Excerpta. Chronicon Reinersh. 81. 14. Mss. fol.
Agenda Martyrologium pp. 83. 30. Mss. fol.
Medela animae. de vita S. Bernardi etc. 19. 26. 7. Mss.
Teutsch christlich Schreiben etc. wünsch. 58. 6. Mss. 8°
Schreiben etc. jüngen Herrschfft. hüg. 8. 10. Mss. 4°
Historia Francisci Loesern 18. 10. Mss. 4°
Regula Eccksiastica ep. kerkent. 9. 4. Mss. 4.
Annales Francici 64. 5. Mss. in 8°.
Canones Ep. Misnensis libellus pp. 56. 20. Mss.
Beschreibung des Hertzoglthumbs, sam Münster zu Goßlar der Hof Prediger Simon oldien his befindet. 7. a. 14. 7.
Collectione touchant le Dauphiné 3. 63. Mss. fol.

Mixti Collectio Chronicorum 4to 5. Hist.
De rebus gestis Ludovici II. et Caroli Burgundi Comin. pp.
139. 2. Hist. 4t.
Historia gloriosissimorum trium Regum pp. 39. 3. Quedl.
Saxonicorum Chronicum 82. 2. Gr. 8°

Abb. 5: Der Bibliothekar als Leser: Verzeichnis der von Leibniz im Februar 1704 aus der Herzoglichen Bibliothek entliehenen Bücher und Handschriften

intensivierte sich wesentlich ab 1704, wie eine Liste mit Handschriften und Drucken vom 15. Februar zeigt, die Leibniz für seine »historische arbeit« ausgeliehen hatte (Abb. 5).

Leibniz starb am 14. November 1716 in Hannover. Am folgenden Tag wurde die traurige Nachricht seinem Stellvertreter und Amtsnachfolger Lorenz Hertel mitgeteilt, nebst dem Umstand, dass in Leibniz' Wohnung etwa dreißig Handschriften und Drucke aus der Wolfenbütteler Bibliothek aufgefunden worden waren. Deren Titel sind in der *Specification derer von den Bücher sehl. Hrn Leibniz aus der Hoch-Fürstl. Wolfenbuttel Bibliotheque geborgte* verzeichnet.[2] Obwohl die darin genannten Bücher meistens mit der Welfengeschichte in Verbindung zu bringen sind, verweisen einige Titel auch auf andere Editionsvorhaben, so etwa die von Leibniz sehr geschätzte *Histoire des voyages faits par l'empereur Charles V. depuis l'an 1514 jusqu'à sa mort* von Jean de Vandenesse (Cod. Guelf. 3.1.82.5 Aug. 2°). Vergeblich hatte Leibniz 1696 dem niederländischen Verleger Adriaan Moetjens vorgeschlagen, das Manuskript im Druck zu veröffentlichen. Noch 1707 erwähnt Leibniz gegenüber dem Jesuiten Barthélemy des Bosses seine Hoffnung, einen Buchdrucker zu finden, der bereit wäre, den wertvollen Text zu publizieren.

Unstrittig ist, dass die Übernahme der Leitung der Wolfenbütteler Bibliothek und das damit einhergehende Privileg einer uneingeschränkten Nutzung des Bestandes entscheidend für Leibniz »als Sammler und Herausgeber historischer Quellen« war. Ebenso entscheidend waren die Wolfenbütteler Bestände aber auch für Leibniz' gelehrte Arbeit im Allgemeinen.

Die Wolfenbütteler Ausleihbücher vermitteln nur einen eingeschränkten Eindruck von dieser Arbeit, die Leibniz in Wolfenbüttel – neben seinen Recherchen für die Welfengeschichte – durchführte. Tatsächlich war der Umfang seiner Lektüre sehr viel umfassender und vielfältiger als es die Liste der regulär ausgeliehenen Handschriften und Drucke ahnen lässt. Ein genaues Bild dieser Lektüre ist aber größtenteils noch zu zeichnen, anhand von Erwähnungen in seinem immensen Briefwechsel, in Exzerpten sowie auf Listen und Zetteln, die sich zerstreut unter Leibniz' Papieren finden, ein Quellenkomplex, der erkennen lässt, wie intensiv Leibniz den Bestand der *Bibliotheca Augusta* genutzt hat.

Das veranschaulicht auch ein Artikel aus in der Rezensionszeitschrift *Monatlicher Auszug aus allerhand neu-herausgegebenen nützlichen und artigen Büchern*, die von Leibniz' Mitarbeiter Johann Georg Eckhart von 1700 bis 1702 in Hannover herausgegeben wurde. Im April des Jahres 1700 verfasste Eckhart eine Besprechung des *Discours von Erfindung der löblichen Buchdruckerkunst* von Wilhelm Ernst Tentzel. Wie üblich schickte Eckhart seinen Entwurf an Leibniz, um von diesem Korrekturen und Ergänzungen zu

---

2   Wolfenbüttel, Niedersächsisches Landesarchiv: NLA WO 2 Alt Nr. 3983, Bl. 92 f.

erhalten. Seit Ende April hielt sich Leibniz in Wolfenbüttel auf, wo er die Rezension seines Mitarbeiters gründlich bearbeiten konnte, mit Hilfe der – wie er an Eckhart schreibt – in der Bibliothek vorhandenen »materia«. Seine ausführlichen Bemerkungen über die Erfindung des Buchdrucks, die er Eckhart zukommen ließ, fanden Eingang in die Fußnoten der Rezension, einschließlich des Hinweises auf das Wolfenbütteler Exemplar des Blockbuchs *Die kunst Ciromantia* von Johannes Hartlieb (10 Xylogr.).

Die *Bibliotheca Augusta* hatte schon in Leibniz' Zeit einen exzellenten Ruf in der Gelehrtenwelt. Während seiner Amtszeit wandten sich unzählige Korrespondenten aus verschiedenen Ländern an Leibniz, um Informationen, Auszüge, Abschriften zu erhalten und sogar die Ausleihe von diesem oder jenem Manuskript zu erwirken. Die Gelehrtenwelt betrachtete die Wolfenbütteler Bibliothek tatsächlich als eine – um einen Ausdruck von Leibniz zu verwenden – »Schatzkammer« des Wissens. Den Wert ihrer Schätze konnten Leibniz' Abhandlungen und Editionen durch wachsende Bekanntheit fraglos steigern. Zugleich kam ihr Umfang den vielfältigen Interessen des Universalgelehrten sehr entgegen.

Weiterführende Literatur

HORST ECKERT: Gottfried Wilhelm Leibniz' Scriptores Rerum Brunsvicensium. Entstehung und historiographische Bedeutung, Frankfurt a. M. 1971.

NORA GÄDEKE (Hrsg.): Leibniz als Sammler und Herausgeber historischer Quellen, Wiesbaden 2012.

RÜDIGER OTTO: Leibniz' Codex juris gentium diplomaticus und seine Quellen, in: Studia Leibnitiana 36/2 (2004), S. 147–177.

STEPHAN WALDHOFF: Leibniz' Quellenakquisition für die Mantissa Codicis juris gentium diplomatici. Möglichkeiten, Zwänge und Grenzen der générosité in der Gelehrtenrepublik, in: MARKUS FRIEDRICH, JACOB SCHILLING (Hrsg.): Praktiken frühneuzeitlicher Historiographie, Berlin-Boston 2019, S. 227–282.

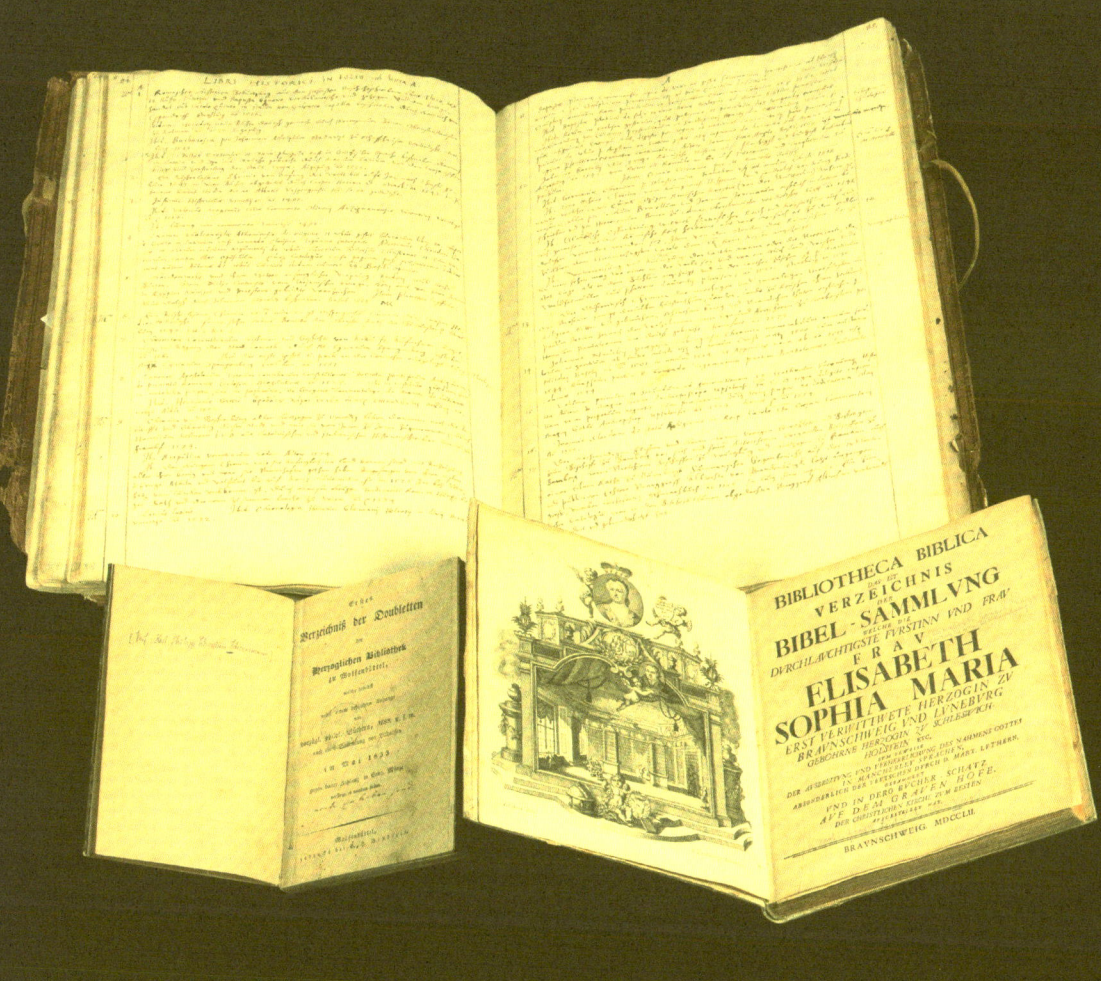

Bücher zur Bewältigung von Büchern: Große und kleine Kataloge ermöglichen eine Orientierung im Bestand und den gezielten Zugriff auf einzelne Titel. Sie informieren aber auch über einstmaligen Besitzstand, An- und Verkäufe, Teilsammlungen, Nutzungspraktiken und Ordnungsmodelle.

Abb. 1: Der Schatzgräber im Altbestand: Gotthold Ephraim Lessing, gemalt von Anton Graff (1771)

MANUEL ZINK
Lessing und die Herzogliche Bibliothek zu Wolfenbüttel

»Das allerbeste aber [...] ist die Bibliothek«, schrieb Gotthold Ephraim Lessing im Juli 1770 an seinen Vater, nachdem er Hamburg verlassen und den Posten des Direktors der berühmten Wolfenbütteler Bibliothek am 7. Mai angetreten hatte. »Die Stelle ist so, als ob sie von je her für mich gemacht wäre [...]. Ich darf mich rühmen, daß der Erbprintz mehr darauf gesehen, daß ich die Bibliothek, als daß die Bibliothek mich nutzen soll. Gewiß werde ich beides zu verbinden suchen: oder eigentlich zu reden, folget schon eines aus dem andern.«[1]

Mit dem Amtsantritt in Wolfenbüttel hatte Lessing (Abb. 1) sein Leben als freischaffender, unabhängiger Schriftsteller aufgegeben. Durch die renommierte Anstellung hoffte er, die beträchtlichen Schulden begleichen zu können, die er zuvor während seiner Jahre in Hamburg hatte aufnehmen müssen. Dieser Wunsch sollte sich allerdings nicht erfüllen. Gleichwohl ging Lessing tatkräftig ans Werk. So verfügte er, dass mit den Doubletten in der Bibliothek anders als bisher verfahren werden sollte. Sie sollten nun nicht mehr verschenkt, sondern im Tausch gegen andere Schriften vergeben werden. Ferner setzte er sich trotz eines schmalen Budgets vielfach für den Erwerb neuer Bücher ein. Insgesamt gelangten so 975 Titel (2.095 Bände) in die herzogliche Bibliothek. Auf diese Weise sorgte Lessing dafür, dass die Bestände permanent erweitert wurden.

Lessing war ein ausgezeichneter Kenner der damaligen Bücherwelt. Dies lässt sich etwa an seinen intensiven philologischen Studien, seinen Übersetzungen oder seinen ›Rettungen‹ erkennen, mit denen er versuchte, als Ketzer und Gotteslästerer verunglimpften Autoren zu neuer Reputation zu verhelfen. Dieses vielfältige Betätigungsfeld kann durchaus als Indiz verstanden werden für die vielleicht bedeutendste Neuerung der Lessing'schen Direktion, sollten die wertvollen Bestände doch keineswegs ungesehen und ungenutzt bleiben. Lessing vertrat eine progressive Nutzungspolitik, und sein Ruf als Gelehrter und Dichter befeuerte das Anliegen, die Herzogliche Bibliothek bekannter zu machen, zusätzlich. Viele Besucherinnern und Besucher pilgerten zuweilen nach Wolfenbüttel, nicht allein um den ehrwürdigen Bestand, sondern auch um den berühmten Bibliothekar in Augenschein zu nehmen.

---

1 GOTTHOLD EPHRAIM LESSING: Sämtliche Schriften, hrsg. von KARL LACHMANN, 3., aufs neue durchgesehene und vermehrte Auflage, besorgt durch FRANZ MUNCKER, Bd. 1–23, Stuttgart [u.a.], 1886–1924, Bd. 17, S. 229 f.

Abb. 2: Neue Nachrichten von alten Büchern: Lessings Zeitschrift »Zur Geschichte und Litteratur« (1773-1781)

Lessing förderte das neue Image der Bibliothek als Zentrum der gelehrten Welt ganz bewusst durch die öffentliche Bekanntmachung von besonderen Bibliotheksbeständen. Zu diesem Zweck gab er ab 1773 die erste Bibliothekszeitschrift heraus: *Zur Geschichte und Litteratur. Aus den Schätzen der Herzoglichen Bibliothek zu Wolfenbüttel*, deren erste Ausgaben vornehmlich Beiträge zur Kultur- und Literaturgeschichte enthalten, darunter Überlegungen zu zwei Manuskripten von Gottfried Wilhelm Leibniz über das Dogma der Dreieinigkeit (Abb. 2). Die Zeitschrift spiegelt Lessings intensive Beschäftigung mit den Beständen der Bibliothek in besonderem Maße wider.

Schon Anfang der 1770er-Jahre sorgte er mit Archivfunden für Aufsehen. So gab er Gedichte des vergessenen Barockdichters Andreas Scultetus neu heraus und unter dem umständlichen Titel *Berengarius Turonensis: oder Ankündigung eines wichtigen Werkes desselben, wovon in der Herzoglichen Bibliothek zu Wolfenbüttel ein Manuscript befindlich, welches bisher völlig unerkannt geblieben* stellte er eine Schrift des mittelalterlichen Scholastikers Berengar von Tours (um 1000–1088) vor, in der die Transsubstantiationslehre (tatsächliche Wandlung von Brot und Wein in Leib und Blut Christi) abgelehnt wird (Abb. 3). Solche Funde spielten Lessing in die Hände, denn so konnte er an seine philologischen Studien vergangener Jahre anknüpfen. Bei der Bewertung des Materials blieb er allerdings zurückhaltend. Im Fall Berengars von Tours schlüsselte er zwar geradezu detektivisch den Entstehungskontext der Schrift auf, zum eigentlichen Inhalt aber, der Debatte um die richtige Auslegung der Eucharistie, schrieb er wenig. Abschließende Urteile sucht das Lesepublikum hier vergebens. Vielmehr war Lessing daran interessiert, die Bibliotheksschätze sichtbar zu machen und sie fachlich zu kommentieren.

Mit dem Beitrag *Vom Alter der Ölmalerei aus dem Theophilus Presbyter*, den Lessing 1774 in seiner Bibliothekszeitschrift veröffentlichte, brachte er einen Fund mit kunstgeschichtlicher Relevanz ins öffentliche Bewusstsein (Abb. 4). Es handelte sich dabei um das Manuskript *Schedula diversarum artium* (Cod. Guelf. 69 Gud. lat.) des Mönchs Theophilus Presbyter aus dem 12. Jahrhundert, in dem verschiedene Kunsthandwerkstechniken dargestellt werden, darunter auch die Herstellung von Ölfarben. Mit seiner ›Entdeckung‹ gelang es Lessing, Techniken der Ölmalerei um drei Jahrhunderte vorzudatieren.

Mit den *Fragmenten eines Ungenannten* entfachte Lessing eine Debatte, die zu Recht als die bedeutendste theologische Auseinandersetzung des 18. Jahrhunderts gilt (Abb. 5). Im Herbst 1774 nutzte er seine Zeitschrift, um Auszüge aus Hermann Samuel Reimarus' *Apologie oder Schutzschrift für die*

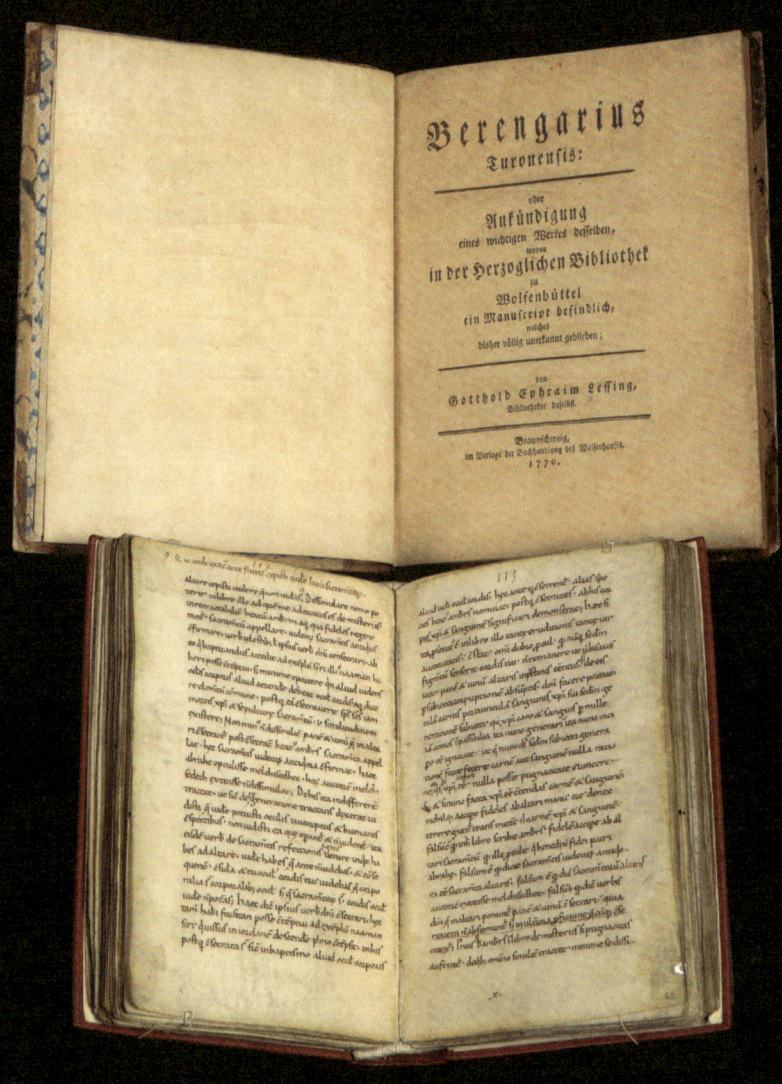

Abb. 3: Gefundenes Fressen für Aufklärer: Die Kritik am Abendmahl durch Berengar von Tours aus dem 11. Jahrhundert und Lessings Bericht (1770)

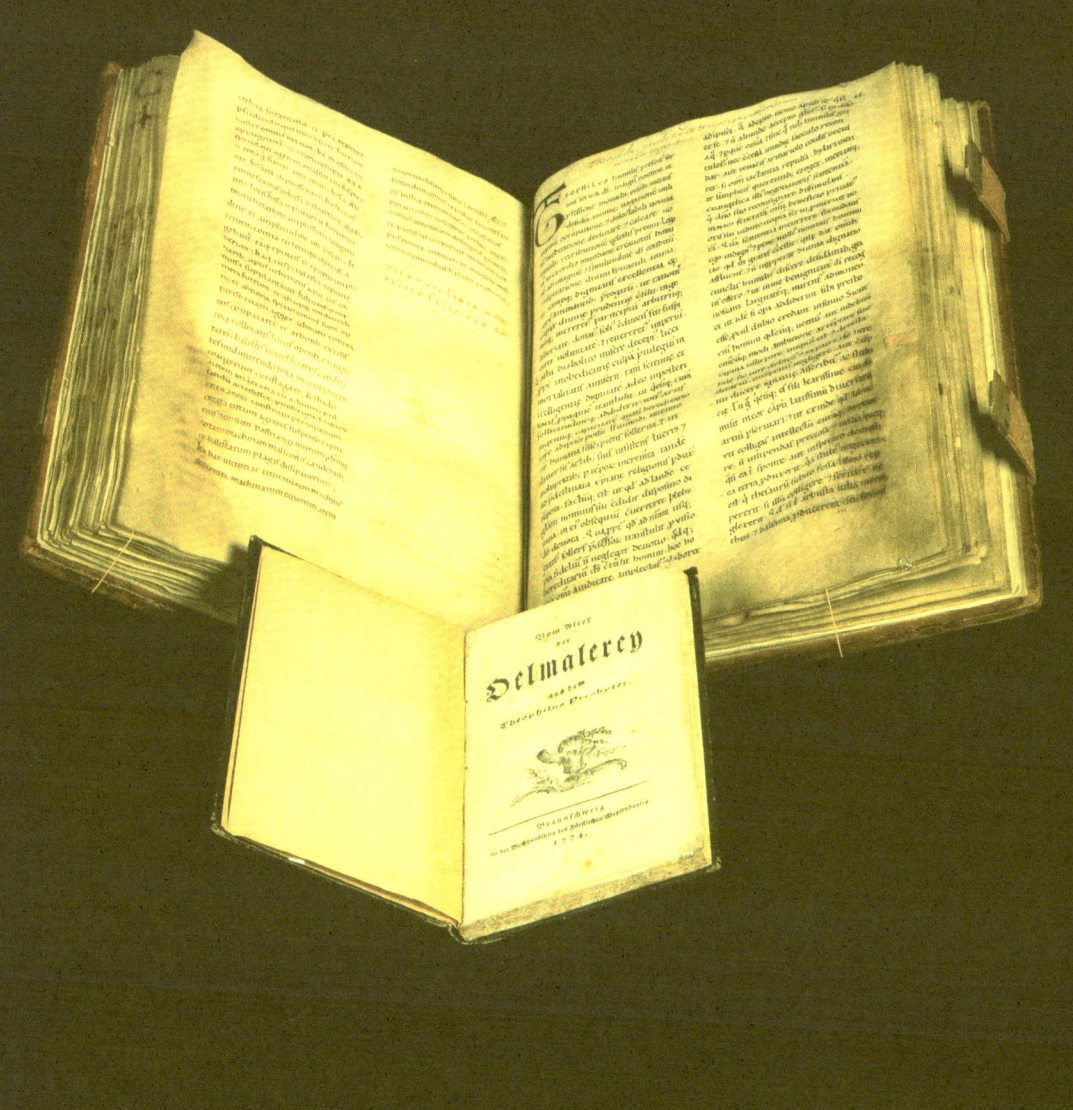

Abb. 4: Eine Quelle zur Kunstgeschichte: Die von Lessing entdeckte Schriftensammlung zu mittelalterlichen Kunsttechniken aus dem 12. Jahrhundert und der von ihm 1774 publizierte Auszug

Abb. 5: Ein Haufen Ärger: Kritische und polemische Beiträge zum Fragmentenstreit aus den Jahren 1778–1779, zum Teil aus Lessings Besitz

vernünftigen Verehrer Gottes der gelehrten Öffentlichkeit vorzulegen. Das bis dahin ungedruckte Manuskript war Lessing von der Familie des 1768 verstorbenen Autors zugespielt worden. In ihm verteidigt Reimarus die ›natürliche Religion‹ gegen die Bibeltreue der protestantischen Orthodoxie. Da Lessings Zeitschrift von der Zensur ausgeschlossen war, fingierte er Reimarus' *Apologie* als Fund aus der Wolfenbütteler Bibliothek. Diese und weitere auszugsweisen Veröffentlichungen riefen bald eine Reihe von Gegnern auf den Plan. Der bekannteste unter ihnen war der Hamburger Hauptpastor Johann Melchior Goeze, der auf Lessings *Fragmente* mit polemischen Gegenschriften reagierte, die Lessing wiederum scharfzüngig beantwortete. Rasch entwickelte sich die Auseinandersetzung zu einem Politikum mit negativen Folgen für Lessings Publikationstätigkeit. Im Jahr 1778 wurde ihm die Zensurfreiheit entzogen, sodass er sich gezwungen sah, seinen Standpunkt auf andere Weise deutlich zu machen. »Ich muss versuchen«, schrieb er an Elise Reimarus, »ob man mich auf meiner alten Kanzel, auf dem Theater, wenigstens, noch ungestört will predigen lassen.«[2] Mit seinem Drama *Nathan der Weise* kam er dieser Forderung 1779 nach. Wiederum waren ihm hierfür die Bestände der Herzoglichen Bibliothek besonders hilfreich. Im November 1776 berichtete er seinem Freund Johann Joachim Eschenburg, er habe alle Ausgaben der *Gesta Romanorum* zusammengetragen, um sie eingehend zu studieren.[3] Die mittelalterliche Sammlung von Legenden, Erzählungen und Anekdoten interessierte Lessing, denn wie Giovanni Boccacios (1313–1375) *Il Decamerone* waren auch die *Gesta Romanorum* Vorlage für spätere Texte der ›Ringparabel-Tradition‹, die in Lessings *Nathan der Weise* bekanntlich eine große Rolle spielt. Auch auf seiner Italienreise 1775 widmete sich Lessing der Arbeit an seinem Drama und beschaffte für die Wolfenbütteler Bibliothek mehrere Schriften von Domenico Maria Manni (1690–1788), darunter die *Istoria del Decamerone di Giovanni Boccaccio*, die mit wichtigen Kommentaren zu Boccaccios Novellensammlung versehen ist.

Eröffnet hatte Lessing seine Bibliothekszeitschrift mit einem Artikel *Ueber die sogenannten Fabeln aus den Zeiten der Minnesänger*, in dem er den ältesten Druck einer damals bekannten Fabelsammlung, *Der Edelstein* betitelt, vorstellte (Abb. 6). Das Exemplar aus dem Jahr 1461 stammt aus der Druckerei Albrecht Pfisters in Bamberg und gilt als das erste deutschsprachige Buch, das mit beweglichen Lettern gedruckt und mit Holzschnitten versehen wurde. Für Lessing war diese Entdeckung auch von persönlichem Interesse. Schon zwei Jahrzehnte zuvor hatte er sich mit Fabelsammlungen beschäftigt, sich selbst in dieser Gattung versucht und *Abhandlungen über die Fabel*

---

2 Ebd., Bd. 18, S. 287.
3 Ebd., Bd. 18, S. 208.

Abb. 6: Das älteste gedruckte Buch in deutscher Sprache: Ulrich Boners Fabelsammlung
»Der Edelstein« (1461)

verfasst. Der sensationelle Fund machte ihm diese intensive Auseinandersetzung wieder gegenwärtig, wie er in seinem Beitrag verrät. In ihm weist Lessing den Schweizer Dominikaner Ulrich Boner (geb. um 1280) als Autor der Fabelsammlung nach. Mit historisch-kritischem Gespür unternimmt er in der Fortsetzung seines Artikels zudem den Versuch, aus unterschiedlichen Varianten (Bamberger Druck von 1461, Zürcher Druck von 1757 sowie vier Handschriften aus dem Bestand der Bibliotheca Augusta) eine Textfassung zu ermitteln, die »dem ursprünglichen am nächsten käme«.[4] So moniert er offensichtliche Fehler, die Drucker und Abschreiber seiner Meinung nach gemacht hätten. Aus den unvollständigen Fassungen rekonstruierte er schließlich alle hundert Fabeln der ursprünglichen Sammlung. Seinem Artikel ist ein Verzeichnis beigegeben, das »jede Fabel der Schweizerischen Ausgabe« (gemeint ist der damals bekannteste Zürcher Druck von 1757) sowohl für den Bamberger Druck als auch für die aus Lessings Sicht beste Handschrift (Cod. Guelf. 2.4 Aug. 2°) angibt, ergänzt durch die Angabe der Quelle, aus der Boner die jeweilige Fabel genommen hatte. All diese Anregungen führten 1810 zu Eschenburgs Neudruck des *Edelsteins*, der mit Worterklärungen versehen war, die größtenteils auf Lessings Nachforschungen zurückgingen. Noch im 19. Jahrhundert folgten weitere Ausgaben und Abhandlungen, die Boners Fabelsammlung einer größeren Leserschaft bekannt machten.

Lessing entsprach allerdings nicht nur der beruflichen Forderung, die zum Teil vergessenen Schätze der Herzoglichen Bibliothek bekannt zu machen. Auch private Interessen waren für ihn leitend. So erstellte er eine Bibliographie mit Titeln über das Schachspiel und betrieb intensive Studien zur Sprachgeschichte. Für ihn waren die alten Handschriften und Drucke keine toten Bücher, sondern Anregungen für lebendige Diskussionen. Nützlich waren ihm dabei ohne Zweifel die Erfahrungen, die er schon vor seinem Amtsantritt als Kritiker gemacht, und die Kenntnisse, die er sich als Schriftsteller, aber auch durch seine vielfältigen Studien, angeeignet hatte. Indem er sich mit vielen seiner ›Entdeckungen‹ bewusst in aktuelle Debatten einschaltete und sich an ihnen mit wissenschaftlicher Genauigkeit beteiligte, stellte er ohne Zweifel eine äußerst moderne Interpretation seines Aufgabenbereichs als Bibliothekar unter Beweis.

---

4 Ebd., Bd. 14, S. 11.

Weiterführende Literatur

PAUL RAABE, BARBARA STRUTZ: Lessings Bucherwerbungen. Verzeichnis der in der Herzoglichen Bibliothek Wolfenbüttel angeschafften Bücher und Zeitschriften 1770–1781, Göttingen 2004.

PAUL RAABE, BARBARA STRUTZ: Lessings Büchernachlaß. Verzeichnis der von Lessing bei seinem Tode in seiner Wohnung hinterlassenen Bücher, Göttingen 2007.

BERND REIFENBERG: Lessing und die Bibliothek, Wiesbaden 1995.

URTE VON BERG: Lessings Wolfenbütteler Schriften als Ausdruck der Welt des 18. Jahrhunderts, Wolfenbüttel 1995.

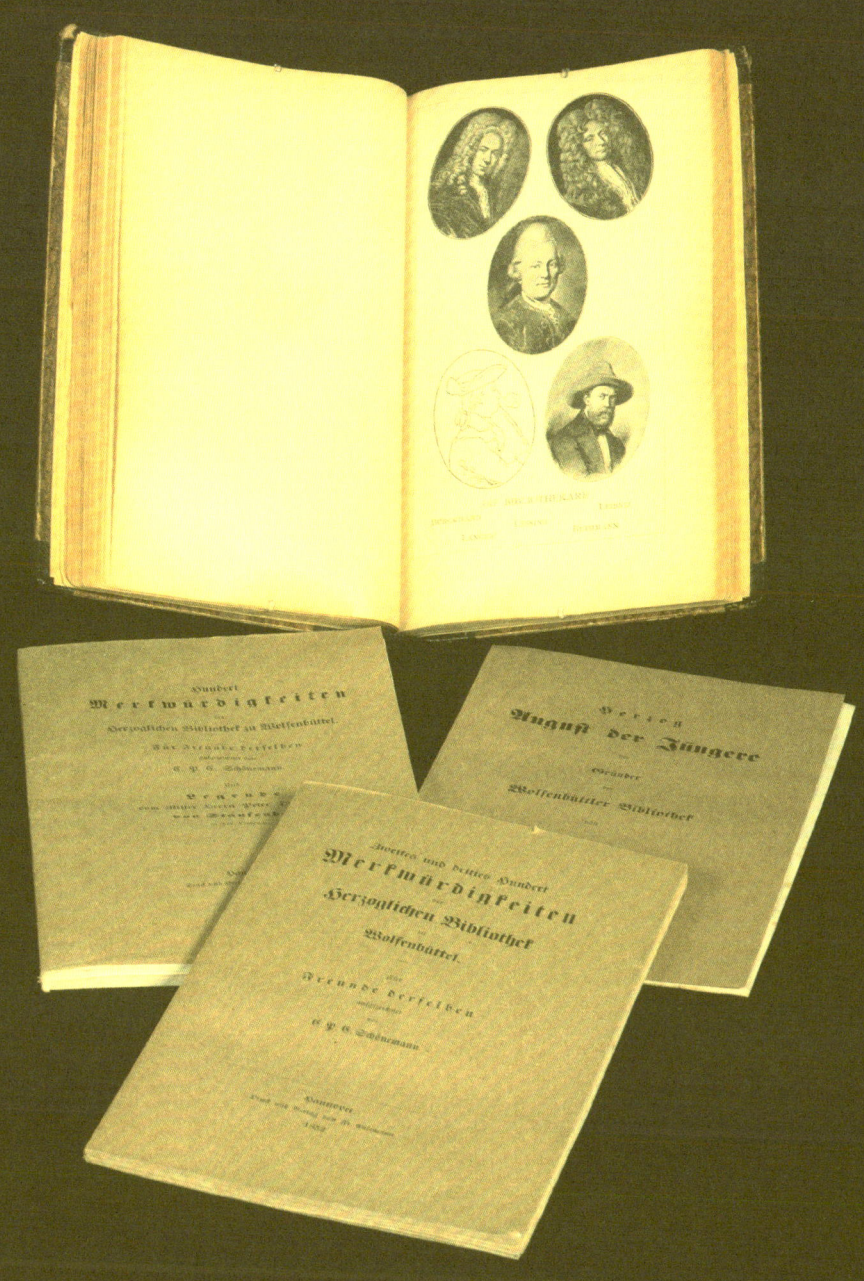

Bibliothekare schreiben Bücher: Im 19. Jahrhundert machten die Leiter der Wolfenbüttler Bibliothek in großen und kleinen Publikationen auf die besonderen Schätze der Sammlung aufmerksam. Zugleich verweisen sie auf die lange Geschichte der Sammlung, um neben Gelehrten auch historisch interessierte Bürger und neugierige Touristen anzusprechen.

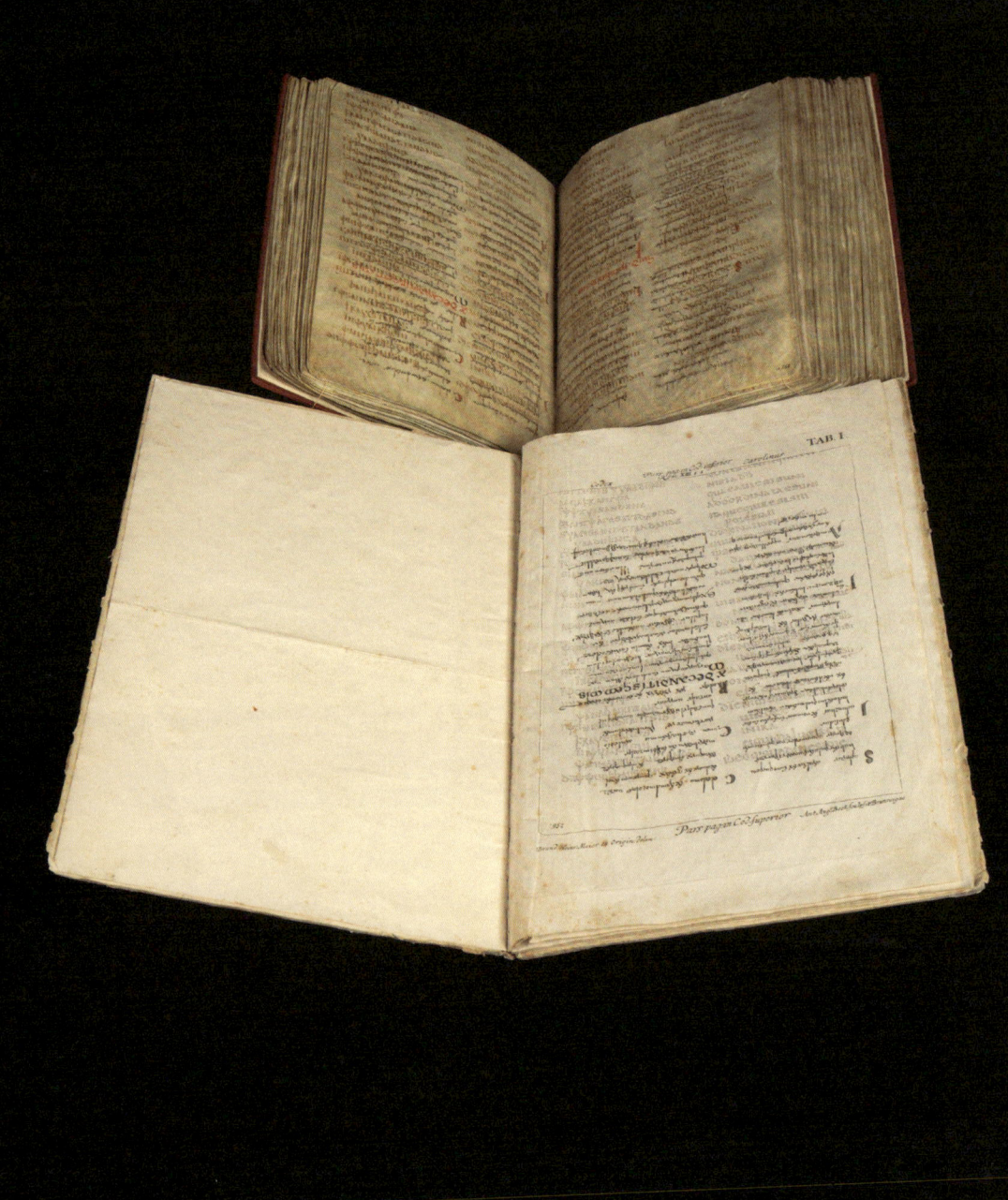

Abb. 1: Sensationelle Entdeckung in Kupfer gestochen: Das Ulfilas-Palimpsest (5./8. Jahrhundert n. Chr.) und dessen erste Reproduktion (1758)

CHRISTIAN HEITZMANN
Aufwendige Gleichmacherei
Wolfenbütteler Kostbarkeiten im Faksimile

Das heute gängige Verständnis von Faksimile setzt voraus, dass mit den besten vorhandenen Techniken eine möglichst originalgetreue, bis in kleinste Details übereinstimmende Kopie einer einzigartigen Vorlage erstellt wird. So sind es in der Regel prachtvolle Bilderhandschriften, hochbedeutende Autographen oder unikal überlieferte Drucke, die mit allem erdenklichen Aufwand reproduziert und zu dementsprechend hohen Preisen zum Kauf angeboten werden. Die Aufnahmetechnik, der komplizierte Druckvorgang, das Aufbringen von Vergoldungen, die Imitation von Unregelmäßigkeiten an den Blatträndern, Fehlstellen im Pergament, Nähten und Insektenfraßlöchern sowie der mehrfache Farbabgleich zwischen den Druckfahnen und dem Original treiben den Preis für Faksimiles in die Höhe. Insgesamt gibt es nur von 26 Handschriften der Herzog August Bibliothek sowie von einigen seltenen oder einmalig überlieferten Drucken vollständige Faksimileausgaben.

Für die Herstellung solcher Faksimiles sind nur wenige Verlage qualifiziert. Sie tragen nicht nur die Verantwortung für die Qualität der Wiedergabe, sondern auch das ökonomische Risiko einer solchen Publikation, die sich über die Anzahl der verkauften Exemplare wirtschaftlich lohnen muss. Die Vorschläge für eine Faksimilierung gehen entweder von den besitzenden Einrichtungen oder von den Verlagen aus – beide Seiten müssen sich finden, um derartige Projekte zu realisieren. Voraussetzung ist die Digitalisierbarkeit der empfindlichen Unikate, um von jeder Seite farbgetreue, hochaufgelöste Aufnahmen zu erstellen, die eine exakte Reproduktion erlauben.

Während gegenwärtig immer mehr Handschriften und Alte Drucke in immer besserer Auflösung digitalisiert und anschließend im Internet frei zugänglich gemacht werden, war bis gegen Ende des 20. Jahrhunderts die analoge fotografische Aufnahme und Wiedergabe das Standardverfahren zur Erstellung von Reproduktionen. Die Geschichte des Faksimilierens reicht indessen weiter zurück. Wenn man den Begriff weit fasst, dann stellen schon die ersten gedruckten Bücher wie Gutenbergs 42-zeilige lateinische Bibel aus der Mitte des 15. Jahrhunderts Faksimiles von zeitgenössischen Handschriften dar, deren Schrift und Layout der Drucker bis in Einzelheiten, z. B. Abkürzungen, nachahmte. Faksimiles im engeren Sinne, nämlich Abbildungen des handschriftlichen Befundes *en détail*, finden sich vereinzelt seit etwa 1700 vor allem in Tafelwerken zur Schriftgeschichte (Paläographie), die sich der Technik des Kupferstichs bedienten. Hier war

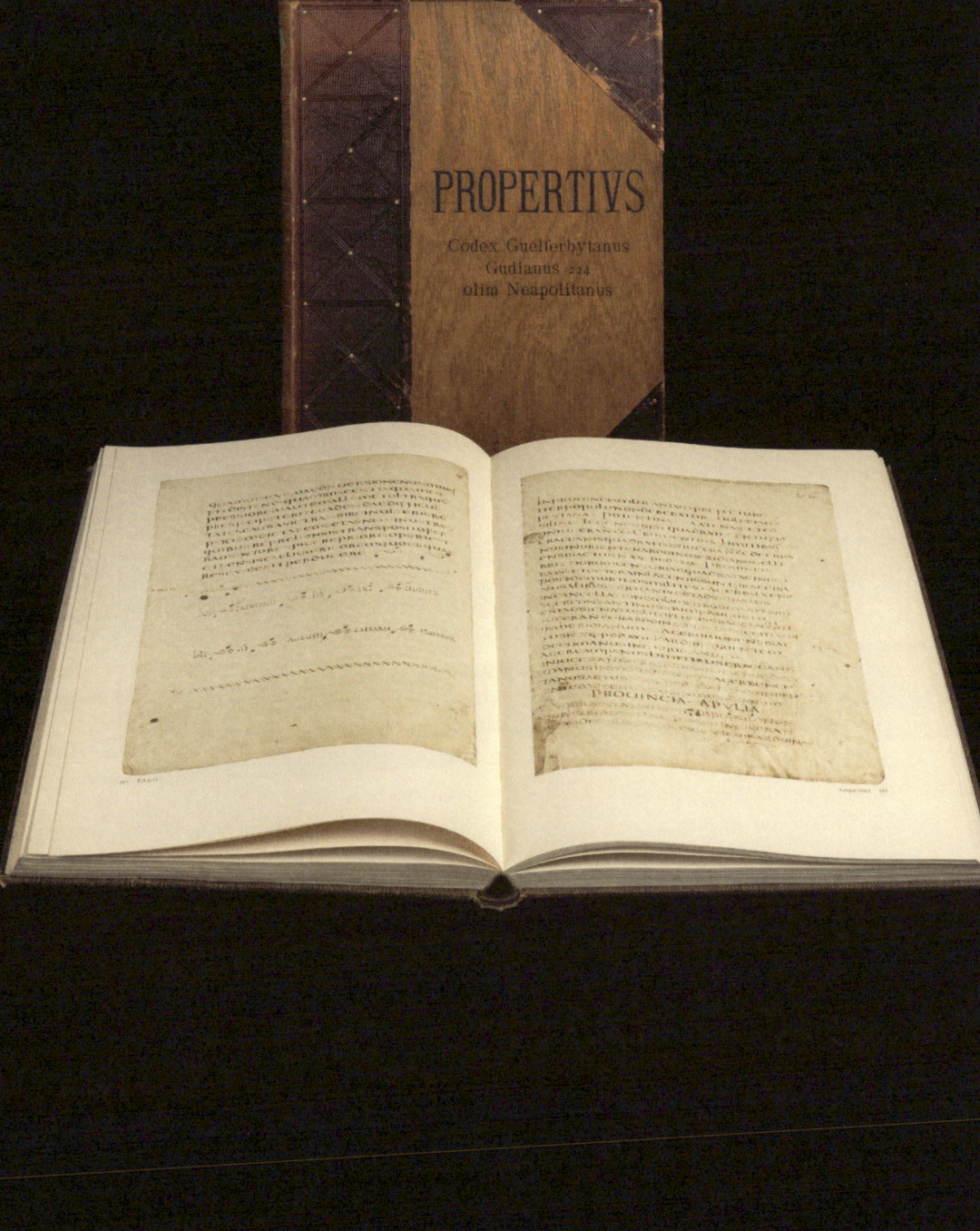

Abb. 2: Gewichtige Klassiker in Holz und Leder:: Faksimiles der Werke von Properz (1911) und Tibull (1910)

der Zweck, markante Eigenheiten unverändert wiederzugeben, um den Blick dafür zu schulen, eine Handschrift anhand ihres Schriftbildes möglichst zuverlässig zu datieren und eventuell sogar zu lokalisieren. Doch hierbei wurden höchstens einzelne Seiten, meist sogar nur wenige Textzeilen mittels Kupferstich wiedergegeben.

Das älteste Beispiel für eine derartige Faksimilierung von Einzelseiten einer Handschrift der Wolfenbütteler Bibliothek stellt die Publikation Franz Anton Knittels über den gotischen Text der Bibelübersetzung des Ulfilas im Codex 64 Weiss. dar, die 1762 in Braunschweig gedruckt wurde. Knittel war der Entdecker dieses abgeschabten Textes aus der Spätantike, der schon im frühen Mittelalter als unbrauchbar ausradiert und mit einem damals nützlicheren Nachschlagewerk überschrieben wurde (Abb. 1).

Die Reproduktion von Handschriften durch moderne Drucktechnik beginnt im 19. Jahrhundert, als zunächst vor allem Bibeltexte das Interesse für eine solche Wiedergabe weckten. So ließ etwa Konstantin von Tischendorf Partien des erwähnten Ulfilas-Codex reproduzieren, in dem sich als Palimpsest auch Passagen aus dem griechischen Neuen Testament finden. Der lateinische Psalter in tironischen Noten (Cod. Guelf. 13 Aug. 4°) wurde hingegen 1885 auf der Grundlage einer Abschrift reproduziert, wofür folgende Begründung gegeben wurde:

> An eine andere aber als eine autographische Vervielfältigung konnte das [Königliche Stenographische] Institut nicht denken, da eine mechanische Reproduction des Originals durch Photographie und Lichtdruck oder Photolithographie bei der Umfänglichkeit der Handschrift und der Kostspieligkeit der Vervielfältigungsmethode die Kosten des Unternehmens und infolge dessen auch den Preis des Werkes in's Ungeheure gesteigert haben würde.

Bis in die Mitte des 20. Jahrhundert überwiegen – aus Kostengründen – bei weitem Wiedergaben in Schwarz-Weiß. Solche Reproduktionen erstellte zu Beginn des Jahrhunderts der niederländische Verlag Sijthoff in Leiden für zahlreiche Klassikerhandschriften, darunter in den Jahren 1910 bzw. 1911 die Wolfenbütteler Codices 82.6 Aug. 2° (Tibull) und 224 Gud. lat. (Properz) (Abb. 2). Im selben Verlag erschien noch 1970 ein Faksimile des spätantiken Agrimensorencodex (Cod. Guelf. 36.23 Aug. 2°). Mit diesem Faksimile erschien ein ausführlicher Kommentarband von Hans Butzmann, dem damaligen Handschriftenbibliothekar der Herzog August Bibliothek. Derartige Kommentarbände zu Faksimiles, die den Forschungsstand resümieren und oftmals auch neue Erkenntnisse bieten, gehören heute zum Standard – kein Faksimile ohne Kommentar.

Ein frühes Beispiel für die originalgetreue farbige Wiedergabe von einzelnen Seiten aus Handschriften stellen die Handschriftenkataloge aus Wol-

Abb. 3: Kostspielige Kopie: Wolfenbütteler Handschriftenkatalog (1903) mit vollfarbigem Faksimile eines Florentiner Einbands aus dem 15. Jahrhundert

fenbüttel dar. Otto von Heinemann, Direktor der Herzoglichen Bibliothek von 1866 bis zu seinem Tode 1904, gab seinen Katalogbänden, die seit 1884 im Druck erschienen, vorzügliche Farbtafeln bei, auf denen Einzelseiten der schönsten und textgeschichtlich interessantesten Handschriften zu bewundern sind. Eine derart aufwendige Ausstattung von Handschriftenkatalogen war damals eine große Seltenheit (Abb. 3).

Gute Ergebnisse erhielt man auch in den 1920er-Jahren, als man sechzehn Bildseiten aus dem Reichenauer Perikopenbuch (Cod. Guelf. 84.5 Aug. 2°) auf Lichtdrucktafeln in Farbe reproduzierte. An eine vollständige Faksimilierung der Handschrift auf diesem Niveau war damals jedoch aus Kostengründen nicht zu denken – sie erfolgte erst im Jahr 2009 und umfasste in der aufwendigsten Version auch die originalgetreue Wiedergabe des Einbandes, der mit einem Elfenbeinrelief des 10. Jahrhunderts verziert ist.

In den ersten Jahrzehnten nach dem Zweiten Weltkrieg war eine Schwarz-Weiß-Wiedergabe in Originalgröße der Handschriften weiterhin die bevorzugte Wiedergabetechnik. Auf diese Weise wurden beispielsweise von skandinavischen Verlagen 1956 bzw. 1968 die beiden isländischen Handschriften 9.10 Aug. 4° (Eyrbyggja und Egils Saga) und 42.7 Aug. 4° (Kollsbók) reproduziert. Die berühmten Wolfenbütteler Musikhandschriften mit dem Repertoire von Notre-Dame de Paris aus dem 13. Jahrhundert wurden auf diese Weise 1931 (Cod. Guelf. 628 Helmst./W1) bzw. 1960 (Cod. Guelf. 1099 Helmst./W2) zugänglich gemacht. Im Jahr 1995 wurde die W1 auf diese Weise erneut einfarbig publiziert (Abb. 4).

Die Farbfaksimilierung nach den bestmöglichen Standards begann an der Herzog August Bibliothek in den 1970er-Jahren in Zusammenarbeit mit dem Stuttgarter Verlag Müller und Schindler, bei dem 1970 das Stammbuch des Bibliothekars Ernst Theodor Langer (Cod. Guelf. 276.3-4 Extrav.), 1971 das *Capitulare de villis* Karls des Großen (Cod. Guelf. 254 Helmst.), 1972 der unikale Druck von Boners *Edelstein* (Cod. Guelf. 16.1 Eth. 2°) und 1979 das Stammbuch Herzog Augusts des Jüngeren erschienen (Cod. Guelf. 84.6 Aug. 12°) (Abb. 5).

Mit dem Aufsehen erregenden Ankauf des Evangeliars Heinrichs des Löwen und Mathildes von England (Cod. Guelf. 105 Noviss. 2°) im Dezember 1983 gelangte eine der prachtvollsten Handschriften des Mittelalters nach Wolfenbüttel. Doch zunächst wurde der Codex bei den Miteigentümern in der Bayerischen Staatsbibliothek München zerlegt, restauriert und fotografiert. Auf der Grundlage der damals erstellten Aufnahmen wurde eine Faksimilierung in Angriff genommen, um die sich mehrere Verlage bemühten. Den Zuschlag erhielt schließlich der Insel-Verlag, der dafür ein überzeugendes Konzept vorlegte. Das mit großem Aufwand hergestellte und vergoldete Faksimile, das 1988 erschien, beeindruckt bis heute die Betrachter. Da das Original zu seinem Schutz höchstens alle zwei Jahre für sechs Wochen aus-

Abb. 4: Schwarzweiß in allen Größen: Faksimiles aus den Jahren 1931 bis 1995

Abb. 5: Noch näher am Original: Farbige Faksimiles aus den 1970er-Jahren

Abb. 6: Hochglanzdruck im Zeitalter des Digitalisats: Die letzten Faksimiles von Wolfenbütteler Pruchthandschriften

gestellt werden darf, ermöglicht es das Faksimile allen, die es betrachten, einen nahezu authentischen Eindruck von der Schönheit des Originals zu gewinnen.

Die Wolfenbütteler Bilderhandschrift des *Sachsenspiegels* (Cod. Guelf. 3.1 Aug. 2°) erschien 1993 zunächst in einer Ausgabe, die den Codex in Originalgröße farbig auf Hochglanzpapier wiedergibt. Dazu erschienen eine Textausgabe und ein Kommentarband auf neuestem wissenschaftlichem Stand. Die Akademische Druck- und Verlagsanstalt (ADEVA) Graz, die seit 1960 in der Reihe *Codices selecti* eine Vielzahl von Handschriftenfaksimiles publiziert hat, ergriff die Initiative zur erneuten, jetzt ganz originalgetreuen Faksimilierung aller vier Bilderhandschriften des *Sachsenspiegels* (weitere Exemplare befinden sich in Dresden, Heidelberg und Oldenburg). Das Faksimile der Wolfenbütteler Handschrift erschien im Jahr 2006, wobei Text- und Kommentarband inhaltlich unverändert von der Ausgabe des Jahres 1993 übernommen wurden. In Zusammenarbeit mit der ADEVA entstand auch als bislang letztes Glanzstück das 2009 erschienene Faksimile des bereits erwähnten Reichenauer Perikopenbuchs, einer ottonischen Handschrift aus der Zeit um das Jahr 1000 (Abb. 6).

Ob noch viele derartige Faksimileausgaben von Wolfenbütteler Handschriften folgen werden, ist ungewiss. Die kostspieligen, mit großem Aufwand gedruckten Bände müssen mit den für alle Interessierten kostenfrei zugänglichen Digitalisaten konkurrieren, die in immer besserer Qualität auf Bildschirmen weltweit die Beschäftigung mit den kostbarsten Produkten der Buchkultur erlauben.

Weiterführende Literatur

CHRISTIAN HEITZMANN: Manche überleben das Original ... Die Faksimilesammlung der Herzog August Bibliothek Wolfenbüttel, in: Braunschweigischer Kalender 2010, S. 108–110.

CLAUDINE LEMAIRE, ELLY COCKX-INDESTEGE: Manuscrits et imprimés anciens en fac-similé de 1600 à 1984, Brüssel 1984.

CARL NORDENFALK: Color of the Middle Ages. A Survey of Book Illumination Based on Color Facsimiles of Medieval Manuscripts, Pittsburgh 1976.

LUDWIG REICHERT: Artikel »Faksimile«, »Faksimile-Ausgaben«, »Faksimile-Technik«, in: Lexikon des gesamten Buchwesens, 2. Aufl. Stuttgart 1989, Bd. 2, S. 538–540.

HANS ZOTTER: Bibliographie faksimilierter Handschriften, Graz 1976.

Abb. 1: Des Herzogs Stundenbuch (um 1520) und sein »Remake« (2010) von Peter Malutzki

MIRA MARX
Wir machen Künstlerbücher
Die Bibliothek als Inspirationsort

>»Dabei ist es das Natürlichste von der Welt: eine Spannung von exzellentem Altem und ebenso exzellentem Neuen. Beides sind ebenso gloriose Bücher. Was heißt da alt, was modern.«[1]

Diese Worte schrieb Erhart Kästner (1904–1974) mit Blick auf die Sammlung von Künstlerbüchern, die er als Direktor der Herzog August Bibliothek (HAB) begründet und mit großem Engagement ausgebaut hatte. Während seiner Amtszeit (1950–1968) erwarb er mehr als 300 Künstlerbücher u. a. von Salvador Dalí, Max Ernst, Marc Chagall, Pablo Picasso und Paul Klee. Zwar hielt Kästner 1960 die »heroische Zeit dieses Genres« für beendet, doch seine Nachfolger hielt dies nicht davon ab, weiterhin (zeitgenössische) Künstlerbücher anzuschaffen.[2] So ist dieser Bestand auf mittlerweile über 4.000 Werke angewachsen.

Kästners Ziel bestand in einer Verbindung des historischen Buchbestands mit einer »modernen« Sammlung künstlerischer Positionen. Er wollte das Haus unter seiner Führung zu einer »Bibliotheca illustris«, zu einer schönen, einer »leuchtenden Bibliothek« entfalten.[3] Nicht mehr nur bewahren, sammeln und forschen sollten Aufgaben der Bibliothek sein, vielmehr sollte sie auch eine aktive Rolle im kulturellen Leben spielen (Lesungen, Ausstellungen, Konzerte usw.).

Kästners Rede von der »Bibliotheca illustris« ist zugleich geeignet, ein für die Herzog August Bibliothek spezifisches Verständnis vom Künstlerbuch zu veranschaulichen. Das lateinische Wort »illustris« wird mit »berühmt« übersetzt, kann aber auch in der Bedeutung von »leuchtend«, »klar«, »deutlich« und »offenbar« verstanden werden. In diesem Sinne ›erhellen‹ sich die Bücher dieser Bibliothek gegenseitig, unterstützen das Verstehen einer oft

---

1 Erhart Kästners an Rolf Schneider, 25. August 1970, in: JULIA HILLER VON GAERTRINGEN: Diese Bibliothek ist zu nichts verpflichtet außer zu sich selbst. Erhart Kästner als Direktor der Herzog August Bibliothek 1950–1968, Wiesbaden 2009, S. 151.

2 Erhart Kästner an Rolf Schneider, 27. Mai 1968, in: WERNER ARNOLD: Die Künstlerbuchsammlung der Herzog August Bibliothek, in: DERS.: Das Malerbuch des 20. Jahrhunderts. Die Künstlerbuchsammlung der Herzog August Bibliothek Wolfenbüttel, Wiesbaden 2004, S. 22.

3 ERHART KÄSTNER: In einer großen alten Bibliothek (1972), in: WOLFGANG MILDE, PAUL RAABE (Hrsg.): Über Bücher und Bibliotheken, Wolfenbüttel 1974, S. 120–138, hier S. 132.

weit zurückliegenden und fremd gewordenen Zeit. Künstlerbücher können hier einen Beitrag leisten. Nicht nur Wissenschaftlerinnen und Wissenschaftler nutzen die Herzog August Bibliothek, um mit Hilfe ihres reichen Buchbestands die Vergangenheit zu studieren, auch Kunstschaffende finden immer wieder in ihr Anregung und ›Stoff‹ für ihre Werke. Und nicht selten wird so aus der Beschäftigung mit alten Büchern ein neues Buch. Auf diese Weise kann es den Kunstschaffenden gelingen, längst Vergangenes und vielleicht sogar Vergessenes wieder ans Licht zu bringen, besondere Perspektiven auf das Alte zu eröffnen und auf übersehene Aspekte hinzuweisen. Vergangenheit und Gegenwart, Kunst und Gelehrsamkeit treten in einen anregenden und fruchtbaren Austausch.

Der Buchkünstler Peter Malutzki (*1951) etwa beschäftigte sich mit einer um 1520 entstandenen, prachtvoll illuminierten Handschrift, die später Herzog August von Braunschweig-Lüneburg (1579–1666) als Stundenbuch (Gebetbuch) diente. Sein *Remake* (2010) übersetzt die frühneuzeitliche Buchmalerei in moderne Gestaltungselemente, die ihre historische Vorlage noch zu erkennen geben (Abb. 1). Immer wieder befasste sich auch Olaf Wegewitz (*1949) mit besonderen Handschriften, darunter ein Herbarium aus der Zeit des Dreißigjährigen Kriegs, ein Erbauungsbuch einer Nonne des 15. Jahrhunderts sowie medizinische und naturkundliche Abhandlungen aus dem Mittelalter. Die Gestaltung seiner Künstlerbücher und die zu den Texten entwickelten Bilder eröffnen neue Erfahrungs- und Sinnebenen (Abb. 2).

Im Jahr 2018 wurde ein Künstlerbuchpreis initiiert, der Kunstschaffende in ihrer Beschäftigung mit den Beständen der Herzog August Bibliothek fördern soll. Dieser Preis besteht in einem einmonatigen Aufenthalt an der Bibliothek, der zur Herstellung eines Künstlerbuchs vor Ort dienen soll. Hyewon Jang (*1982), die erste Preisträgerin, befasste sich konzeptionell mit dem von Herzog August für seine Bücher erdachten Ordnungssystem (Abb. 3). Auf sie folgte Marshall Weber (*1960), dessen Projekt *The Wolfenbüttel People's Library* Menschen aus der Region einbezog, um ihnen eine Stimme und einen dauerhaften Platz in der Bibliothek zu geben. Ulrike Stoltz (*1953) rückte 2020 einen 1589 abgefassten Brief des italienischen Philosophen Giordano Bruno ins Zentrum ihrer Arbeit (Abb. 4).

Aufbewahrt wird ein größerer Teil der Künstlerbuchsammlung in dem unter Kästner eingerichteten Malerbuchsaal (Abb. 5). Dort und in anderen musealen Räumen der Bibliothek finden regelmäßig Werkschauen und thematische Sonderausstellungen statt. Mitunter erweisen sich diese Veranstaltungen als Präsentationen von ›Untersuchungsergebnissen‹ der künstlerischen Arbeit mit dem Alten Buch und dem Ort ihrer Aufbewahrung. So schuf Odine Lang (*1972) eigens für die Ausstellung *FOLIA*

Abb. 2: Neue Bilder zu alten Handschriften: Olaf Wegewitz' »Mikrokosmos« (1992)

(09. Mai – 04. August 2019) die Installation *Wolfsmilch*, die im Gewölbe der Augusteerhalle aufspannt wurde (Abb. 6). Das (überlebens-)große und doch filigrane, aus Draht und Papier gefertigte Werk schien inmitten des schummerig beleuchteten Raumes über den Köpfen der Besuchenden zu schweben. Das Gewächs stellt Lang zufolge das »Porträt« einer konkreten Pflanze dar, welche sie während einer ihrer Urlaubsreisen entdeckte.[4]

Aus dem botanischen Zufallsfund wurde durch Langs Bearbeitung ein Sinnbild der Bibliothek: Die Farbigkeit der mächtigen und zugleich zarten Zweige entspricht jener der sie umgebenden Bücherwände, die von den leuchtend hellen Pergamentbänden bestimmt ist. So scheint in der Wolfsmilch das Wachstum der Sammlung zum Ausdruck zu kommen. Vor allem aber hatte Lang in der Morphologie der Pflanze eine Parallele zur Aufstellung der Bücher erkannt. Noch heute stehen die Bücher in der Ordnung, die ihnen der Namensgeber der Bibliothek, Herzog August, im 17. Jahrhundert gegeben hatte. Der Herzog hatte seinen riesigen und stetig wachsenden Bücherschatz in zwanzig Sachgruppen unterteilt und die Bücher in jeder

---

4   Vgl. Interview mit Odine Lang am 04. Dezember 2019, hab.de/vom-inneren-der-buecher-und-schuetzenden-fluegeln/ [14.11.2022].

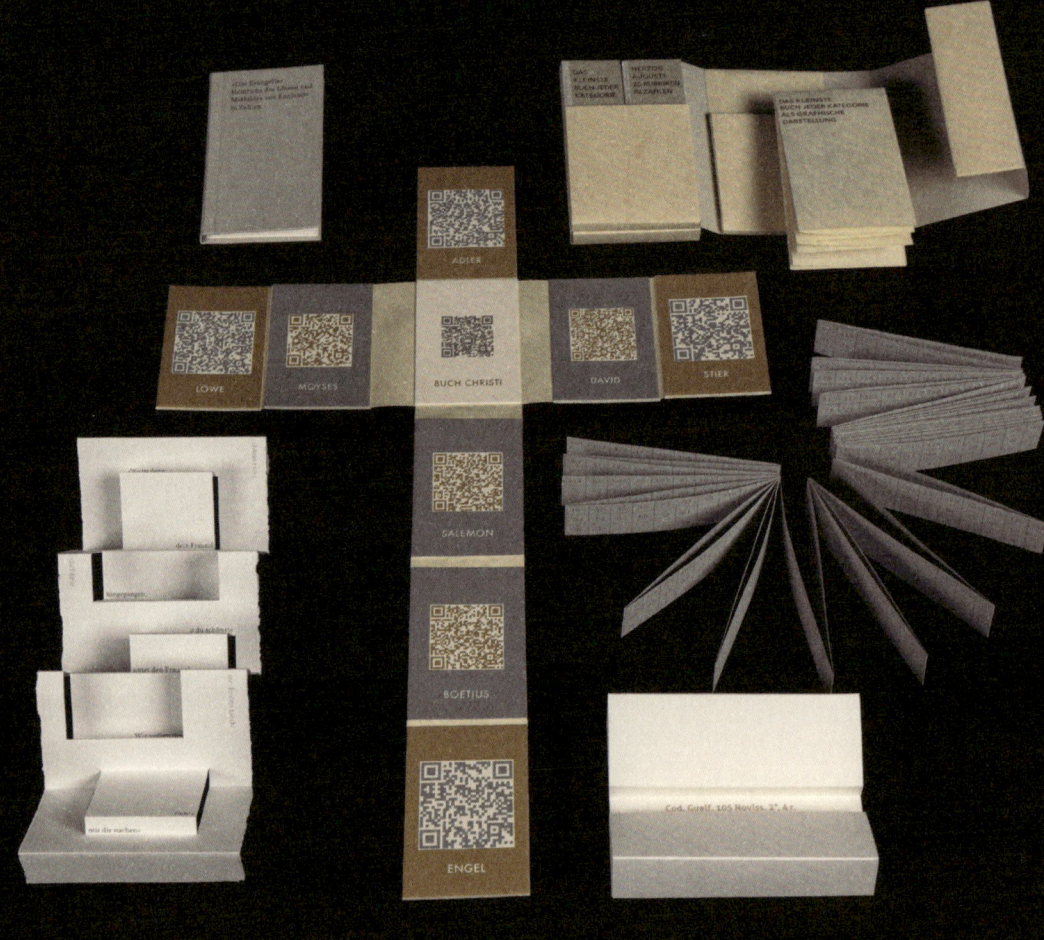

Abb. 3: Die Ordnung der Bücher als Inspiration: Hyewon Jangs »Ordnung im Wissen – Zusammenfluss der Bestände« (2019)

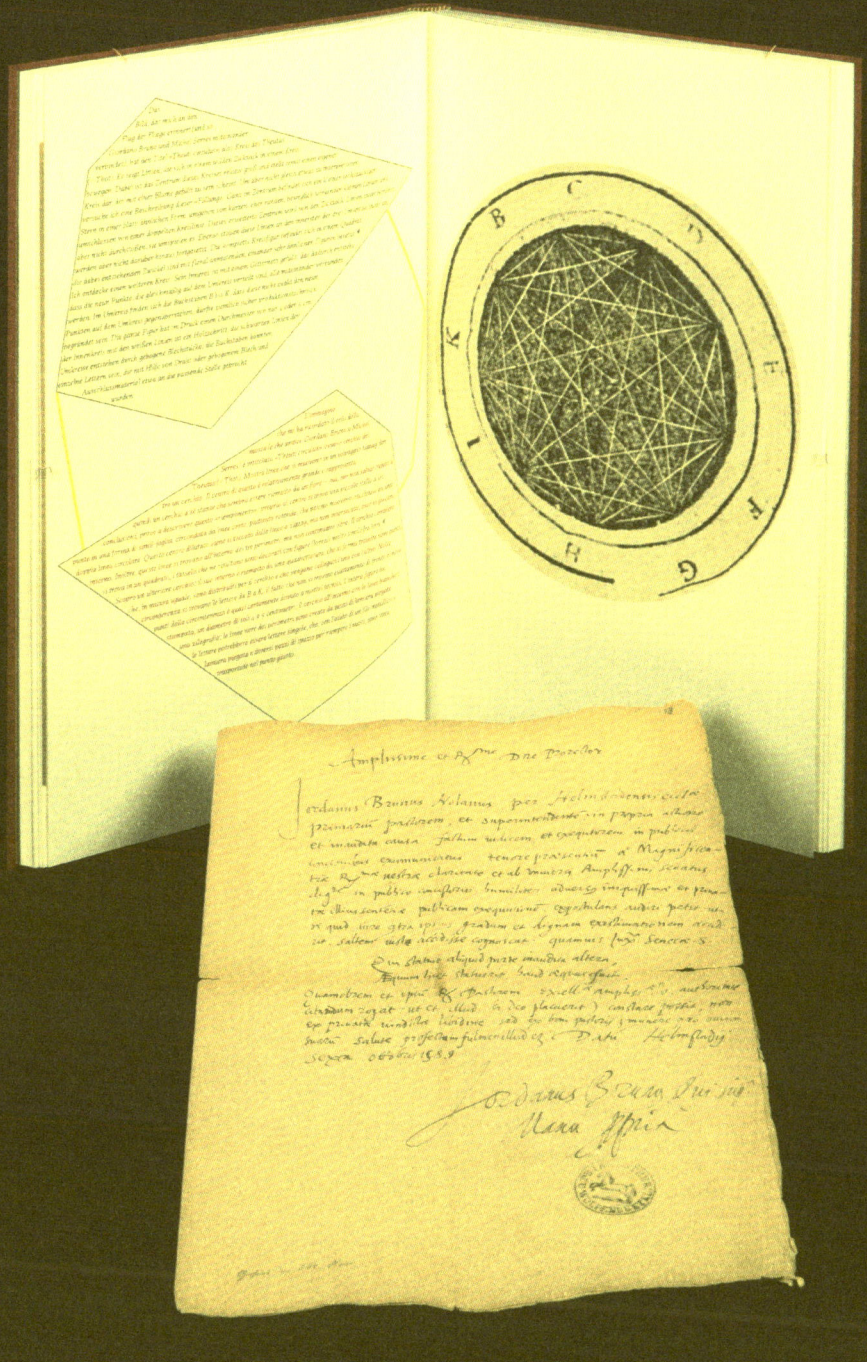

Abb. 4: Vom Brief zum Buch: Ulrike Stoltz' »Caro Giordano. Resonanzen & Gestrüpp« (2020–2021) und Giordano Brunos Brief vom Oktober 1589

Abb. 5: Der Malerbuchsaal während der Ausstellung »Wir machen Bücher – 450 Jahre Herzog August Bibliothek«

Abb. 6: Odine Lang beim Aufspannen der »Wolfsmilch« in der Augusteerhalle

Abb. 7: Die Natur im Buch: »Alchemilla« (2017/2019) und »Dryopteris« (2018) vor Kniphofs »Kräuter-Buch« (1733)

Kategorie der Größe nach – vom riesigen Folianten zum winzigen Duodezbändchen – sortiert.[5] Analog zu den Buchreihen an den Wänden, nimmt auch die Größe der Blätter der *Wolfsmilch* nach oben hin ab. Die Arbeit greift ein Motiv auf, das sich wie ein roter Faden durch das Werk von Odine Lang zieht: Die »Natur des Buchs«.[6] In Büchern wurde (und wird) das Wissen über die Natur gespeichert. Ja, es ist anzunehmen, dass der Anteil der Natur, den Menschen aus Büchern kennen, weitaus größer ist, als derjenige, den sie im direkten Kontakt erfahren. Auch darauf machen die Werke von Lang aufmerksam.

Dass Natur *im Buch* nicht nur erlernt, sondern auch erfahren werden kann, verdeutlichen ihre zwei Einblatt-Künstlerbücher *No° 4 Alchemilla* und *No° 14 Dryopteris* (Abb. 7). Ersteres zeigt ein auf weißem, gefaltetem Papier gezeichnetes und mit Kaffee laviertes Blatt eines Frauenmantels-Gewächses mit all seinen konkreten Eigenschaften (Fraßspuren, unregelmäßiges Wachstum etc.) in natürlicher Größe. Zweiteres zeigt das Abbild eines in gleicher Weise gestalteten Wedels eines Wurmfarns. »[D]er Wuchsform entsprechend [haben die Bücher] einen Wickelfalz, den man immer weiter aufklappt, bis man dann den Farnwedel in seiner ganzen Länge sehen kann«[7], bzw. das Frauenmantelblatt sich vollständig entfaltet hat. Das heißt: Die jeweilige Art, in der das Buch geöffnet wird, wiederholt die Wachstums-Bewegung der dargestellten Pflanze. Gestalterisch bezieht sich Odine Lang bei diesen beiden Werke auf interaktive Formen des frühneuzeitlichen Einblattdrucks, wie etwa die *Warhaffte Abbildungen deß fläckens Plurs* von 1618 (Abb. 8).[8] Wie bei den Künstlerbüchern von Odine Lang, soll der Klappmechanismus dieses Flugblattes einen zeitlich ablaufenden Prozess, hier einen Erdrutsch, (wiederholbar) sichtbar und haptisch begreifbar machen.

Wie und warum Pflanzen in der westlichen Welt in Büchern dargestellt wurden, hat sich im Laufe der Zeit verändert. Pflanzenbilder wurden seit der Antike bis in die Frühe Neuzeit wiedererkennbar, aber stark schematisiert gestaltet. Viele Details gingen auch dadurch verloren, dass die Bilder aus älteren Schriften kopiert und nicht mehr am Original überprüft wurden. Ab dem 16. Jahrhundert wurde damit begonnen, heimische Pflanzen systematisch zu erforschen, diese also eingebunden in ihren Lebensraum zu untersuchen und detailgetreu ins Bild zu setzen. So sind z. B. die Heilpflan-

---

5   Vgl. MARIA VON KATTE: Herzog August und die Kataloge seiner Bibliothek, in: Wolfenbütteler Beiträge 1 (1972), S. 168–199.
6   Siehe dazu auch ADRIAN JOHNS: The Nature of the Book. Print and Knowledge in the Making, Chicago 1998.
7   Lang (wie Anm. 4).
8   Vgl. JÖRN MÜNKNER: Eingreifen und Begreifen. Handhabung und Visualisierung in Flugblättern der Frühen Neuzeit, Berlin 2008, S. 98–103.

Warhaffte abbildung deß fläckens PLVRS/ in den Grawen Pündten gelägen.

Es ist diser Flåcken der jurisdiction gemei-
ner dreyen Pündten Vnderthonen zuge-
hörig/ vngefahr 3. Welschen meil von
Clauen an einem lustigen vnd fruchtbaren Land gelägen/ begabet mit vilen schönen lustwerckh bayßlen Pallasten ge-
zieret gewesen. Es ist aber den 25. Augusti alten Calenders/ deß lauffenden Jahrs 1618. a-
bends zwischen tag vnd nacht/ von einem berg
erschrockenlichen vntersehens weiß vberfallen
worden. Hat seinen anfang genommen von dem
enthalb der figur deß oberen Kupfferstucks an-
deutung gibt/ welcher berg mit solchem gwalt
gefallen/daß sein stein auff den anderen gebir-
gen auch nur kein anzeigung zusehen als wie
jemals ein Flåcken do gstanden were. Dann an
stat deß Fläckens sicht man jetzund einen See/
einer halben Welschen meil lang: also gleich-
sals das Kupfferstuck zuerkennen gibt/ Man
halt darfür/daß eß bis 1500. personen beschä-
digt gewesen/ vnder welchen nur 4. darvon
kommen/ so beschlaffen tags nicht in dem Flåcken gewesen: als deß Herrn Poretatis brü-
der/ der jetzt geschaffner halber zu Rongalia
gewesen/ vnnd einer Frantz Feuno genant/
sampt einem Maurer/welche zu gedachter Forno crotto oder Keller in ein felsen gebawen
gangen/vnd nachmals Flåcken wein jubilen.
Der wirte war ein junger kummer/ frisch von
Seylano/ welcher in einem fremden garten
hat wöllen Pferstich abläsen/ Diesen hat der
berg an der flucht der schiech von fåssen genommen. Deß volgenden morgens sand man auff
dem feyrenden gefallenen berg nichtend anderen
sachen/ zwey teschlein von 10. Jahren vngefähr
darunder das ein deß H. Potestat/ das ander
deß Herrn Petter Sallionis gewesen/ wie ebenmåsig
in dißem abdruck zusehen.

Deß vndergangenen Fläckens
PLVRS fürnemste Kirchen/
Häuser vnd Pallåst/ mit ziffer
angedrutet.

1. S. Johans Kirchen in Seylano gelegen.
2. Der brunnen auff dem platz Seylano.
3. H. Hans Peter Merens lusthauß.
4. H. Thoman Lovis hauß.
5. H. Augustini Lovii hauß.
6. Deß Schmidthagen Herren Anthonij Seria hauß.
8. H. Abraham Brochi Pallast.
9. Deß Chilonen Mühli vnd Wirtzhauß.
10. H. Der Fraw Rachelis hauß.
11. Das Spynhauß.
13. Herr Hauptman Buttinvrochi hauß.
14. Franz Lucretis Camogha hauß.
15. H. Feluij mühl.
16. H. Potestas Pallast.
17. Deß Gruisoneten hauß.
18. H. Hans Peter Buttinvrochi hauß.
19. H. Hans Gaspesia Brochi hauß.
20. H. Palamidis Vertemani hauß.
21. H. Matthias Vertemani hauß.
22. H. Hans Peter Buttinvrochi hauß.
23. H. Hans Idea Beccaria Pallast.
24. Santa Maria Kirchen.
25. Die Tretten.
26. Der klein spital.
27. Die Mültinen.
28. Altten/ wo man die Lavetzen machet.
29. Vnser Frawen Kirchen auff Prosto.
30. Der Erden oder Keller auff Prosto.
31. Der weyer auff Prosto.
32. Die eingang/ wo man die Lavetzen grabt.
33. H. Anthonij Beccaria hauß.
34. H. Hans Battista Scandalosa hauß.
35. Die Schmittinen.
36. H. Marx Anthonij Lumaga hauß.
37. H. Franz Etina Vertemani hauß.
38. H. Wilhelm Vertemani hauß.
39. H. Franciscus Brochen hauß.
40. Møsa bey den Brugken.
41. Scheiten båum.
42. H. Die bruck auff Prosto.
43. H. Vertemanen Pallast zu Rongalia.
44. Die bruck ober das wasser Valaduana.
45. Deß H. Bergaia garten.
46. Kirchen vnd Nachbårschafft zu St. Abon dio.
47. Drugt oder der flaß fragia.
48. H. Vertemans garten.
49. Ein Summerhauß in Seylano.
50. Ein Kirchen genannt St. Anthonij zu Sa negrio.
51. St. Cassian ein Hauptkirchen.
52. Der Priesteren håuser.
53. H. Nicolaus Bettinbrochi hauß.
54. H. Hans Peter Galsione hauß.
55. H. Luigio Vertemans Pallast.
56. H. Francisco Groisso hauß.
57. H. Ludwig Brochi hauß.
58. H. Hieronimi Lumaga hauß.
60. H. Gasch di Savogno Wirtzhauß.
61. H. Beinhart Serto hauß.
62. H. Hans Jacob Forno hauß.
63. H. Hans Andreas Vertemani hauß.
64. H. Zapella Crolalanza hauß.
65. H. Bartholomei Crolalanza hauß.
66. H. Hans Anthony Crolalanzen hauß.
67. H. Simon Abij deß schneiders hauß.
68. H. Hans Peter Massabarroni hauß.
69. H. Jacob Bavelo hauß.
70. H. Peter Belochio hauß.
71. H. Hans Meiurador hauß.
72. H. Hans Andreas Meiurador hauß.
73. H. Ludwig Lumaga Confertorey.
74. H. Hans Peter Kürsners hauß.
75. H. Lazaris Keller.
76. H. Brochi Keller.
77. H. Octavij Lumago Keller.
78. H. Hauptman Bettinbrochi Keller.
80. H. Luigio Vertemans Keller.
81. Die Hauptbrugk ober die Mera.
82. Der Brugk genannt defendente.
83. Franz Anthonij Brellana hauß.
84. H. Battista Catani hauß.
85. H. Curti Lumaga hauß.
86. H. Hans Anthonij Lumaga hauß.
87. H. Hans Anthonij Vertemans hauß.
88. Hans Peter Mora hauß.
89. H. Francisco Casina hauß.
90. Deß Montani hauß.
91. H. Vertemanens eingang zum außgar ten.
92. Die Metzg auff dem platz.

Getruckt zu Zürich bey Johann Hardmeyer/ 1618.

zen im *Lebendig-Officinal-Kräuter-Buch* des Johann Hieronymus Kniphof aus dem Jahr 1733 (HAB: M: Mf 4° 11 (1)) im Naturselbstdruck-Verfahren ins Buch gebracht worden. Kniphofs *Alchimille* könnte eines der ausgewählten Objekte sein, von denen sich Odine Lang zu ihrer *Alchemilla* inspirieren ließ (Abb. 7).[9] Sie verändert und erweitert den (wissenschaftlichen) Blick auf den ›Untersuchungsgegenstand‹, indem sie mittels des ästhetisch abgewandelten und praktisch angepassten Mediums Buch einen anderen Zugang zu jenem eröffnet. Auf diese Weise schafft Odine Lang mit ihren vielschichtigen Werken sowohl eine neue Perspektive auf die Medien der Naturwissenschaft wie auch auf das komplexe System der (Forschungs-)Bibliothek. Ihre Arbeiten eröffnen so einen Erfahrungsraum jenseits der Grenzen fachlicher Diskurse, der grundsätzlich allen offen steht. So könne man

> ohne Vorwissen auf [die *Wolfsmilch*] gucken […] und denken […]: ›Das sieht gut aus … das sieht schön aus.‹ oder ›Das erinnert mich an irgendwas …‹ und dass es dann aber immer auch noch eine weitere, intellektuelle Ebene gibt, wie hier die Bezüge zur Sammlungssystematik und zur Geschichte des Hauses. Da kann man einsteigen, muss aber nicht. Dadurch geht es um mehr als Dekoration, und es ist für Wissenschaftler genauso zugänglich wie für alle anderen Bibliotheksbesucher.[10]

Weiterführende Literatur

WERNER ARNOLD: Das Malerbuch des 20. Jahrhunderts. Die Künstlerbuchsammlung der Herzog August Bibliothek Wolfenbüttel, Wiesbaden 2004.

PETER BURSCHEL u.a. (Hrsg.): Der rote Faden. Künstlerbücher der Herzog August Bibliothek (2002 – 2022), Wiesbaden 2023.

VIOLA HILDEBRAND-SCHAT: Kunst verbucht. Handschriften und frühe Drucke als Quellen der Inspiration für das Künstlerbuch, Berlin 2015.

JAN RÖHNERT (Hrsg.): Avantgarde intermedial. Theorie und Praxis des Künstlerbuchs, Wiesbaden 2021.

---

9 Vgl. ODINE LANG: FOLIA, Begleitheft zur Ausstellung, Bonn 2019, S. 3.
10 Lang (wie Anm. 4).

Abb. 1: Die Publikationen des Hausverlags im Fokus: Blick in die Ausstellung »Wir machen Bücher« (2022)

GUDRUN SCHMIDT

»Wir machen Bücher« – wortwörtlich
Der Hausverlag der Herzog August Bibliothek

Wer die Augusteerhalle betrat, um die Ausstellung *Wir machen Bücher* (5. April bis 3. Oktober 2022) zu besichtigen, entdeckte in ihrer Mitte die Nachbildung eines Teleskops (Abb. 1). Durch dieses blickend wurde das Auge des Betrachters auf mehrere Reihen Bücher gelenkt, die in einem Quadrat angeordnet waren. In ihrer Farbigkeit hoben sie sich deutlich von den überwiegend in Pergament gebundenen Büchern um sie herum ab – der historischen Sammlung Herzog Augusts. Es handelte sich um jeweils ein Exemplar aller bis Ausstellungsbeginn erschienenen Buchpublikationen des Hausverlags der Herzog August Bibliothek. Denn auch im wortwörtlichen Sinne *macht* die Herzog August Bibliothek Bücher, und das schon seit 50 Jahren! Zum 400-jährigen Bestehen der Bibliothek 1972 wurde das erste Buch herausgegeben, der erste Band der *Wolfenbütteler Beiträge*. In den darauffolgenden 15 Jahren nahm der Hausverlag allmählich Gestalt an. Seitdem sind 688 Publikationen erschienen (Stand: November 2022) – derzeit werden etwa acht Neuerscheinungen pro Jahr herausgebracht.

Bereits Gotthold Ephraim Lessing machte als leitender Bibliothekar mit der 1773 gegründeten Zeitschrift *Zur Geschichte und Litteratur. Aus den Schätzen der Herzoglichen Bibliothek zu Wolfenbüttel* auf besondere Entdeckungen in der Bibliothek aufmerksam.[1] Seither haben gelehrte Bibliothekare sowie Wissenschaftlerinnen und Wissenschaftlern in großangelegten Katalogunternehmungen einzelne Segmente des reichen Bestands erschlossen, darunter etwa die graphischen Porträts, verschiedene Sammlungen mittelalterlichen Handschriften, medizinische und naturwissenschaftliche Drucke, oder auch die Personalbibliographien zu den Drucken des Barock. Die Ergebnisse ihrer Arbeit, die mitunter bis zu 50 Bände einnehmen, veröffentlichen sie bei verschiedenen spezialisierten und renommierten Verlagen. Um derartige Unternehmungen zu erleichtern und zugleich auch das Profil der Bibliothek als Zentrum von internationaler und interdisziplinärer Forschung sichtbar zu machen, wurde der Hausverlag gegründet. Dessen Einrichtung geht auf Paul Raabe zurück, von 1968 bis 1992 Direktor der Herzog August Bibliothek, der das professionelle ›Büchermachen‹ als folgerichtigen Schritt nach dem Ausbau der Bibliothek als Forschungsstätte förderte. Neben der erkennbaren Verbindung der Bibliothek mit der Forschung lag ein weiterer Vorteil auf der Hand: Die kurzen Wege innerhalb der Institution erleichtern

---

1 Siehe dazu den Beitrag von Manuel Zink, S. 35.

Abb. 2: Wir feiern Geburtstag: Festdekoration zum Doppeljubiläum auf der Frankfurter Buchmesse im Oktober 2022

den Austausch zwischen Autorinnen bzw. Autoren und Verlag ebenso wie die Produktion.

Nach einem ersten gescheiterten Versuch in der Mitte der 1970er-Jahre wurde der Hausverlag sukzessive aufgebaut. Zuerst wurde ein wissenschaftlicher Lektor eingestellt, der als kompetente Ansprechperson für alle Fragen um die Publikation fungierte und für die redaktionelle Bearbeitung der Beiträge wissenschaftlich ausgebildete Hilfskräfte miteinbeziehen konnte. Weitere Mitarbeiterinnen wurden gewonnen, die zunächst die häufig handschriftlich von den Autorinnen und Autoren eingereichten Texte computertechnisch erfassten und später in verschiedenen technischen Verfahren auszeichneten bzw. formatierten. Während das Layout der Bände in den Anfangsjahren immer wieder extern von Druckereien erstellt wurde, werden die Bände inzwischen vollständig von den Mitarbeiterinnen der Abteilung gestaltet. Lediglich der Druck erfolgt außerhalb des Hauses.

Der Harrassowitz Verlag, ein Verlag mit eigenem profiliertem Programm und einem buchgeschichtlichen Schwerpunkt, fungiert hierbei als Kommissionsverlag, der die Publikationen der Herzog August Bibliothek international bewirbt und vertreibt. Von den aus dem Buchverkauf zurückfließenden Einnahmen profitieren sowohl Bibliothek als auch Kommissionsverlag. Seit 2002 stellt die Bibliothek ihre Neuerscheinungen gemeinsam mit Harrassowitz auf der Frankfurter Buchmesse aus – im Jahr 2022 wurde dort ein doppeltes Jubiläum begangen: Die HAB feierte ihren 450. Geburtstag, Harrassowitz seinen 150., zusammen bringen sie es auf 600 Jahre (Abb. 2) – eine stattliche Zahl in der heute so unbeständigen Zeit.

In den nächsten Jahren steht der Schritt ins Digitale an: Um den von vielen Autorinnen und Autoren sowie von Fördergebern geäußerten Wunsch nach einem Publizieren im Open Access, d. h. einer kostenfrei im Internet zugänglichen digitalen Version des Beitrags oder gesamten Werks, entsprechen zu können, wird in der Herzog August Bibliothek ein Repositorium, ein digitaler ›Container‹ für Publikationen, Forschungsdaten und weitere bestandsorientierte Daten konzipiert und aufgebaut.

Die Publikationen des Hausverlags spiegeln in besonderer Weise die wissenschaftlichen Aktivitäten an der Bibliothek wider – und damit zugleich auch den Wandel der wissenschaftlichen Themen und Moden. Die Ergebnisse von Forschungsprojekten, die an der Bibliothek durchgeführt werden, sind häufig in Monographien nachzulesen. Bei der Mehrzahl der Publikationen handelt es sich allerdings um Sammelbände mit Beiträgen zu Tagungen, die am Haus stattfanden. Dazu zählen insbesondere die Veranstaltungen der Arbeitskreise zu verschiedenen historischen Epochen, die seit den 1970er-Jahren gegründet wurden. Vorträge wurden in überarbeiteter Form

Abb. 3: Eine Reihe im Wandel der Zeit: Bände der »Wolfenbütteler Forschungen« aus den Jahren 2001 bis 2022

in eigenen Reihen publiziert: *Wolfenbütteler Mittelalter-Studien* (34 Bde.), *Wolfenbütteler Abhandlungen zur Renaissanceforschung* (38 Bde.), *Wolfenbütteler Arbeiten zur Barockforschung* (55 Bde.), *Wolfenbütteler Schriften zur Geschichte des Buchwesens* (51 Bde.). Zudem bestanden zeitweilig vier wissenschaftliche Zeitschriften.

Da einige der Arbeitskreise in ihrer ursprünglichen Form und Ausrichtung nicht mehr existieren, wurden auch die Reihen im Sinne einer Profilschärfung eingestellt. Verblieben sind die 1977 begründeten *Wolfenbütteler Forschungen*, die seit 1981 im Hausverlag hergestellt werden. Sie sind zugleich die Reihe mit dem größten ›Output‹: Im Herbst 2022 ist der 173. Band erschienen. Im Laufe der Jahre haben die *Forschungen* ihr ›Gesicht‹, das Reihendesign, mehrfach verändert (Abb. 3). Zudem kann es in der Reihe zu ›Ausreißern‹ kommen, wenn es der Gegenstand des Buchs erforderlich macht: Ein Band etwa präsentiert eine spezielle Bestandsgruppe, die man als Besucherin bzw. Besucher einer Bibliothek nicht gleich erwarten würde: Die Gemälde der Herzog August Bibliothek Wolfenbüttel, ein Bestandskatalog, verfasst von Michael Wenzel unter Mitarbeit von Bärbel Matthey, 2012 als Bd. 133 der *Wolfenbütteler Forschungen* erschienen (Abb. 4). In großem Format und auf knapp 600 Seiten werden hier 150 Werke ausführlich beschrieben und mit der Geschichte des Hauses in Zusammenhang gebracht, in Einzelanalysen mit Angaben zum materiellen Bestand, der Provenienz und der Forschungsgeschichte eingeordnet sowie mit einer umfassenden kunsthistorischen Würdigung versehen, die unter anderem auf Fragen von Zuschreibung und Datierung, Ikonographie und Kontext eingeht. Die Bearbeitung des Materials in diesem Forschungsprojekt dauerte zwei Jahre, die Vorbereitung des Manuskripts ein weiteres; die Umsetzung in der Publikation war ebenfalls aufwendig, was dem großen Format und dem zweispaltigen Satz mit integrierten Abbildungen in einer der im Text formulierten Bedeutung angemessenen Größe geschuldet ist.

Die Ausstellungen des Hauses werden meist von einem großzügig gestalteten, häufig umfangreichen Ausstellungskatalog begleitet, der in der Reihe *Ausstellungskataloge der Herzog August Bibliothek* erscheint, die ebenfalls vom Hausverlag realisiert wird. Bisweilen finden Beiträge zu Ausstellungen, wie etwa die hier vorgelegten Essays, – für einen breiten Interessentenkreis aufbereitet – ihren Publikationsort in der Reihe der *Wolfenbütteler Hefte*, die in ihrer kleinen Form nicht zuletzt als Forum für ideengeschichtliche und gesellschaftspolitische Themen sowie insgesamt aktuelle intellektuelle Diskurse konzipiert ist. Beide Reihen bieten mit ihren Katalogen bzw. Heften einen vertieften Einblick in die Bestände der Herzog August Bibliothek – jeweils mit forschungsgeleiteten Fragestellungen. In den *Wolfenbütteler Heften* nähern sich die Beiträge einem Bestandssegment eher essayistisch, während ein Ausstellungskatalog die Thematik umfassend aufbereitet. In

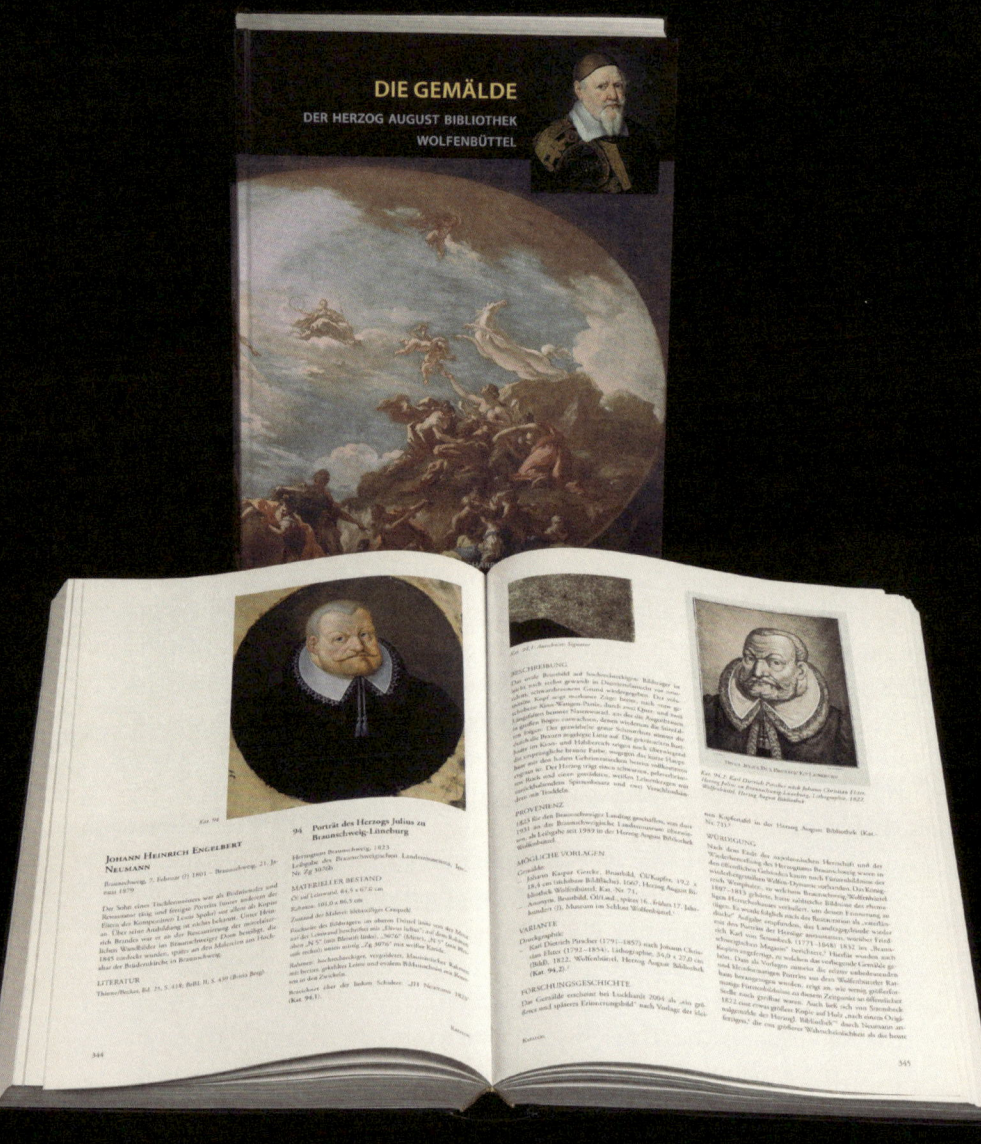

Abb. 4: Wir haben Bilder: Die Gemälde der Bibliothek im Buch (2012)

Abb. 5: Drei von Hundert: »Ausstellungskataloge der Herzog August Bibliothek« aus den Jahren 2010, 2014 und 2019

den *Ausstellungskatalogen der Herzog August Bibliothek* (Abb. 5), die seit 1972 auf mittlerweile 100 Bände angewachsen sind, finden sich die Begleitbände zu den vorwiegend forschungsgeleiteten Ausstellungen, die übergreifende Themen in den Blick nehmen und diese anhand von Exponaten aus verschiedenen Zeiten und verschiedenen Gattungen veranschaulichen. Eine enge Verschränkung und gegenseitige Befruchtung von Projekten und Ausstellungen, zu denen ein meist umfangreicher Ausstellungskatalog entstanden ist, kann insbesondere seit 2010 beobachtet werden.

Am Aufwand, der für die Publikationen betrieben wird, zeigt sich die Wertschätzung des Wissens dieser Institution. Alle Annehmlichkeiten digitaler Publikationen werden das gedruckte wissenschaftliche Buch voraussichtlich nicht abschaffen. Dessen ansprechende Gestaltung ist dabei kein ästhetizistischer Selbstzweck, sondern eine ›Dienstleistung‹ an der Erkenntnis.

Aus dem Programm des Hausverlags sind derzeit etwa 250 Titel lieferbar und können im Haus an den Tresen von Zeughaus, Lessinghaus und Bibliotheca Augusta erworben oder über den Kommissionsverlag bestellt werden.

Weiterführende Literatur

PAUL RAABE: Neue Veröffentlichungen unter dem Zeichen Wolfenbüttels, in: Heimatbuch für den Landkreis Wolfenbüttel 23 (1977), S. 30–36.

PAUL RAABE: In Kommission bei Otto Harrassowitz, in: Wolfenbütteler Bibliotheks-Informationen 8/3 (1983), S. 17 f.

OSWALD SCHÖNBERG: Artikel »Veröffentlichungen«, in: Lexikon zur Geschichte und Gegenwart der Herzog August Bibliothek Wolfenbüttel, hrsg. von GEORG RUPPELT und SABINE SOLF (Lexika europäischer Bibliotheken, Bd. 1, hrsg. von GEORG RUPPELT), Wiesbaden 1992, S. 160.

GUDRUN SCHMIDT: Aus Tradition gewachsen. Der Hausverlag der Wolfenbütteler Bibliothek, in: Die Herzog August Bibliothek. Eine Sammlungsgeschichte, hrsg. von SVEN LIMBECK, VOLKER BAUER, PETER BURSCHEL, PETRA FEUERSTEIN-HERZ, JOHANNES MANGEI und HOLE RÖSSLER, Wolfenbüttel (in Vorber.).

DIES.: Mehr als ein Schatzhaus voller Bücher. Die Wolfenbütteler Bibliothek als Museum, in: Die Herzog August Bibliothek. Eine Sammlungsgeschichte, hrsg. von SVEN LIMBECK, VOLKER BAUER, PETER BURSCHEL, PETRA FEUERSTEIN-HERZ, JOHANNES MANGEI und HOLE RÖSSLER, Wolfenbüttel (in Vorber.).

Die Bibliothek von Wolfenbüttel ist selbst Gegenstand von Büchern geworden. Für Herzog August verfasste Johann Schwarzkopff 1649 eine lateinische Broschüre. Sie wurde mehrfach aufgelegt, wobei jeweils die Anzahl der Bücher aktualisiert wurde. In der »Topographia« (1654) von Martin Zeiller und Matthäus Merian ist Augusts Bibliothek in vier Ansichten dargestellt.

Gäste machen Bücher: Seit August 1667 wird in Wolfenbüttel ein Besucherbuch (»Fremdenbuch«) geführt. Unter den abertausenden Einträgen finden sich berühmte Namen wie Voltaire, Moses Mendelssohn, Achim von Arnim, Ludwig Uhland, Wilhelm Busch oder Ernst Jünger.

Dank

Einer alten Tradition folgend stehen meist nur wenige Namen auf den Titelblättern von Büchern, oftmals nur einer. Zweifellos entsteht manch ein Text in der Einsamkeit des Arbeitszimmers, doch, damit daraus ein Buch entsteht, braucht es immer ein »Wir«. Die Formel *Wir machen Bücher* gilt umso mehr für das vorliegende *Wolfenbütteler Heft*, als ihm eine gleichnamige Ausstellung zugrundeliegt, die gleichfalls nur gemeinschaftlich zu realisieren war. Als Teil dieses »Wir« Ausstellung und Buch gemacht haben zu können, ist eine beglückende Erfahrung, für die an dieser Stelle ebenso gedankt werden soll wie für die sehenswerten Ergebnisse.

Mira Marx war immer zur Stelle, wenn es um die vielen kleinen und großen Probleme bei Ausstellung, virtueller Ausstellung und Publikation ging. Dafür sei ihr herzlich gedankt.

Ein besonders großer Dank gebührt Michaela Weber, Leiterin der Fotowerkstatt, und Heinrich Grau, Stellvertretender Leiter der Stabsstelle Erhaltung und Restaurierung, die klaglos alle Bildwünsche des Kurators/Herausgebers Wirklichkeit werden ließen. Ohne ihr außergewöhnliches Engagement wäre die aufwendige Bildausstattung dieses Heftes nicht möglich gewesen.

Ein ebenso großer Dank geht auch an Gudrun Schmidt, Leiterin der Abteilung Veröffentlichungen, die gemeinsam mit ihrem Team Satz und Drucklegung dieses Heftes besorgt hat.

An dieser Stelle soll auch all jenen, die dazu beigetragen haben, die Ausstellung *Wir machen Bücher* (5. April bis 3. Oktober 2022) zu realisieren, ein großer Dank ausgesprochen werden: Almuth Corbach, Katharina Mähler, Heinrich Grau, Michele Butzke, Andrea Friedli, Marenlise Jonah Hölscher, Doris Kammer, Uta Krause und Nora Velensek (für konservatorische Begleitung bei Auswahl und Aufbau), Christian Heitzmann und Claudia Minners-Knaup (für Unterstützung bei den Handschriften), Sarah Janke und Katharina Mähler (für Hilfe in Auswahl und Umgang mit den Künstlerbüchern), Franziska Biedermann, Henrietta Danker, Gerd Kohnert und Felix Kommnick (für Ausheben und Aufstellen), Gudrun Schmidt, Christiane Kasper, Birgit Kosmale, Eva-Maria Reckert, Hartmut Beyer und Uwe Riemer (für Material und Aufbau der Bücherwand), Michaela Weber (für Fotos und Faksimiles), Jörg Busse-Hagen (für die Bereitstellung der Medienstation), Antje Dauer, Alexandra Serjogin und Marie Adler (für Presse- und Öffentlichkeitsarbeit), Costanza Puglisi und Florian Wenz von unodue{ münchen (für die Szenografie und die Gestaltung der virtuellen Ausstellung), sowie Markus Engel, Alice Glowania, Torsten Gottsmann, Vladimir Grimm, Robert Hampel, Otfried Helmold, Gabriele Lagsdin, Isabell Martinez (†), Heike Tack-Reinhard und Andrea Tillhon (für tatkräftige Hilfe).

Hole Rößler

Bildnachweis

S. 9: August Heinrich Hoffmann von Fallersleben: Niederdeutscher Aesopus. Zwanzig Fabeln und Erzählungen aus einer Wolfenbütteler Hs. des XV. Jahrhunderts, Berlin: Oppenheim 1870. HAB: M: Bb 2388; August Heinrich Hoffmann von Fallersleben: Althochdeutsches aus wolfenbüttler Handschriften, Breslau: Grass, Barth & Co 1827. HAB: HS 09-1400; Gerhard von Minden: Aesopus [Wolfenbütteler Äsop], Papierhandschrift, Westfalen, 15. Jahrhundert. HAB: Cod. Guelf. 997 Novi.

S. 10: Bartolomeo Fonte: Opera, Pergamenthandschrift, 15. Jahrhundert. HAB: Cod. Guelf. 43 Aug. 2°; Bartolomeo Fonte: Opera exquisitissima, Frankfurt a. M.: Unckel 1621. HAB: A: 577.37 Quod.

S. 13: August der Jüngere von Braunschweig-Lüneburg: Evangelische Kirchen Harmonie, Wolfenbüttel: Sterne 1646. HAB: M: Th 2960; ders. [Pseud. Gustavus Selenus]: Cryptomenytices Et Cryptographiae, Lüneburg: Sterne 1624. HAB: M: Fb 4° 79; ders. [Pseud. Gustavus Selenus]: Das Schach- oder König-Spiel, Leipzig: Groß/Kober 1616. HAB: M: Hn 4° 2.

S. 15: Friedrich Wilhelm Basilius von Ramdohr: Venus Urania. Ueber die Natur der Liebe, über ihre Veredlung und Verschönerung, 3 Tle. in 4 Bdn., Leipzig: Göschen 1798. HAB: M: Hl 148:1-3,2.

S. 17: Anton Ulrich von Braunschweig-Lüneburg: Octavia. Römische Geschichte, 3 Tle. in 7 Bdn., Nürnberg: Hofmann u. a. 1685 – 1707. M: Lo 75.6.

S. 19: Werner Arnold: Das Malerbuch des 20. Jahrhunderts. Die Künstlerbuchsammlung der Herzog August Bibliothek Wolfenbüttel, Wiesbaden 2004; Gertrud Boernieck: Die vielen Bücher ... Mittelteil des Katalogs »Das Malerbuch des 20. Jahrhunderts«, Herzog August Bibliothek Wolfenbüttel, Köln: G. Boernieck 2004 – 2005. HAB: Malerbücher 55.4° 164.

S. 20: Marianne Flotho: Bücherschätze der Herzog August Bibliothek Wolfenbüttel. Ein Begleiter für junge Besucher, Wiesbaden 2011; Paul Raabe: Ein Schatzhaus voller Bücher. Die Herzog August Bibliothek in Wolfenbüttel, Hannover 1985; Paul Raabe u. a.: Herzog August Bibliothek Wolfenbüttel, Braunschweig 1992; Georg Ruppelt, Sabine Solf (Hrsg.): Lexikon zur Geschichte und Gegenwart der Herzog August Bibliothek Wolfenbüttel, Wiesbaden 1992; Helwig Schmidt-Glintzer (Hrsg.): A Treasure House of Books. The Library of Duke August of Brunswick-Wolfenbüttel, Ausst.-Kat., Wiesbaden 1998; [Paul Raabe/Günter Schöne]: Die Herzog August Bibliothek im Wandel. Ein Bericht in Bildern 1971 – 1981, Wolfenbüttel 1981.

S. 22: Unbekannter Künstler: Porträt von Gottfried Wilhelm Leibniz, Öl auf Leinwand, um 1700 – 1730, 42,2 × 32,7 cm. HAB: B 82.

S. 24: Gottfried Wilhelm Leibniz: Codex Iuris Gentium Diplomaticus, Hannover: Ammon 1693, Titelseite. HAB: M: Rq 4° 6.

S. 26: Mazarinische Handschriften, Paris 1648 – 1654. HAB: Cod. Guelf. 3.1.1 – Cod. Guelf. 3.1.298.

S. 27: Gottfried Wilhelm Leibniz: Scriptorum Brunsvicensia Illustrantium Tomus Tertius, Hannover: Förster 1711, S. 343. HAB: M: Gn 4° 1572:3.

S. 28: Schriftstücke betreffend Leibniz' Verhältnis zur Wolfenbütteler Bibliothek, Bl. 11r. HAB: Leibniziana III.

S. 31: Liborius Otho: [Katalog der ersten Wolfenbütteler Hofbibliothek], 1613/1614. HAB: Cod. Guelf. A Extrav.; Karl Philipp Christian Schönemann: Erstes Verzeichniß der Doubletten der Herzoglichen Bibliothek zu Wolfenbüttel, welche daselbst [...] im Mai 1833 [...] versteigert werden sollen, Wolfenbüttel: Bindseil [1833]. HAB: M: Bb 2528; Georg Ludolph Otto Knoch: Bibliotheca Biblica, Braunschweig: o. D. 1752. HAB: M: Tb 182.

S. 32: Anton Graff: Porträt des Gotthold Ephraim Lessing, Öl auf Leinwand, 1771, 57,5 × 46,3 cm. HAB: B 119.

S. 34: Gotthold Ephraim Lessing: Zur Geschichte und Litteratur. Aus den Schätzen der Herzoglichen Bibliothek zu Wolfenbüttel, 6 Tle., Braunschweig: Waisenhaus 1773 – 1781. HAB: Wa 5402:1–6.

S. 36: Gotthold Ephraim Lessing: Berengarius Turonensis: oder Ankündigung eines wichtigen Werkes desselben, wovon in der Herzoglichen Bibliothek zu Wolfenbüttel ein Manuscript befindlich, welches bisher völlig unerkannt geblieben, Braunschweig: Waisenhaus 1770. HAB: M: Lo 4521.2; Berengar von Tours: Über das Abendmahl, Pergamenthandschrift, 11. Jahrhundert. HAB: Cod. Guelf. 101 Weiss.

S. 37: Theophilus Presbyter: Schedula diversarum artium, Pergamenthandschrift, 12. Jahrhundert. HAB: Cod. Guelf. 69 Gud. lat.; Gotthold Ephraim Lessing: Vom Alter der Oelmalerey aus dem Theophilus Presbyter, Braunschweig: Waisenhaus 1774. HAB: M: Lo 4588.

S. 38: Verschiedene Schriften zum Fragmentenstreit aus den Jahren 1778 bis 1779. Für ein umfängliches Titelverzeichnis siehe Wilhelm Schmidt-Biggemann: Hermann Samuel Reimarus. Handschriftenverzeichnis und Bibliographie, Göttingen 1979, S. 89 – 137.

S. 40: Ulrich Boner: [E]Ins mals ein affe kam gera[n]t [Der Edelstein], Bamberg: [Pfister] 1461, Incipit. HAB: A: 16.1 Eth. 2° (1).

S. 43: Otto von Heinemann: Die Herzogliche Bibliothek zu Wolfenbüttel 1550 – 1893. Ein Beitrag zur Geschichte deutscher Büchersammlungen mit einem Anhang von Dokumenten und Archivstücken, 2. Aufl. Wolfenbüttel 1894; Karl Philipp Christian Schönemann: Hundert Merkwürdigkeiten der Herzoglichen Bibliothek zu Wolfenbüttel, Hannover: Culemann 1849; Ludwig Konrad Bethmann: Herzog August der Jüngere, der Gründer der Wolfenbüttler Bibliothek, Wolfenbüttel: [Bindseil] 1863; Karl Philipp Christian Schönemann: Zweites und drittes Hundert Merkwürdigkeiten der Herzoglichen Bibliothek zu Wolfenbüttel, Hannover: Culemann 1852.

Bildnachweis

S. 44: Isidorus Hispalensis: Etymologiae. Palimpsestierte Fragmente, darunter Paulus-Briefe gotisch-lateinisch (Codex Karolinus), Pergamenthandschrift, 5.–8. Jahrhundert. HAB: Cod. Guelf. 64 Weiss.; Franz Anton Knittel: Ulphilae Versionem Gothicam Nonnullorum Capitum Epistolae Pauli Ad Romanos, Braunschweig: Waisenhaus 1758. HAB: H2° 0272.1.

S. 46: Propertius: Codex Guelferbytanus 224 olim Neapolitanus, Leiden 1911. HAB: H2° 0271; Tibulli carmina, Sapphus Epistola Ovidiana. Codex Guelfabytanus 82,6 Aug., Leiden 1910. HAB: H2° 276.

S. 48: Kataloge der Herzog-August-Bibliothek Wolfenbüttel, Frankfurt a. M. 1963–1992; Otto von Heinemann: Die Augusteischen Handschriften, Bd. 5, Wolfenbüttel 1903. HAB: 15.4° 10:2,5 [mit Abbildung des vorderen Einbanddeckels von Cod. Guelf. 39 Aug. 4°].

S. 50: Jón Helgason (Hrsg.): The Saga Manuscript 9. 10. Aug. 4to in the Herzog August Library Wolfenbüttel, Kopenhagen 1956. HAB: H2° 0273; James Houston Baxter (Hrsg.): An Old St. Andrews Music-Book (Cod. Helmst. 628), London 1931. HAB: H8° 0905; Luther Dittmer (Einl.): Faksimile-Ausgabe der Handschrift Wolfenbüttel 1099 (1206), New York 1960. HAB: H8° 0905.50; Martin Staehelin (Hrsg.): Die mittelalterliche Musik-Handschrift W1. Vollständige Reproduktion des »Notre Dame«-Manuskripts der Herzog August Bibliothek Wolfenbüttel Cod. Guelf. 628 Helmst., Wiesbaden 1995. HAB: HS 90-2850:9; Ólafur Halldórsson (Hrsg.): Kollsbók. Codex Guelferbytanus 42.7. Augusteus quarto, Reykjavík 1968. HAB: H2° 0273.1.

S. 51: Ulrich Boner: Der Edelstein. Faksimile der ersten Druckausgabe Bamberg 1461. 16.1 Eth.2° der Herzog August Bibliothek Wolfenbüttel, Stuttgart, Weiler im Allgäu 1972. HAB: H2° 0278.100; Carlrichard Brühl (Hrsg.): Capitulare de villis. Cod. Guelf. 254 Helmst. der Herzog August Bibliothek Wolfenbüttel, Stuttgart 1971. HAB: H2° 0275; Paul Raabe (Hrsg.): Ernst Theodor Langers Stammbuch. Aus dem Besitz der Herzog August Bibliothek Wolfenbüttel, Stuttgart 1970. HAB: H8° 0906; Herzog August d. J. zu Braunschweig und Lüneburg: Stammbuch 1594–1604, in: Theodor de Bry: Emblemata, Nobilitati Et Vulgo Scitu Digna, hrsg. von Wolfgang Harms, Maria von Katte, Stuttgart 1979. HAB: H8° 0905.150.

S. 52: Eike von Repgow: Vollständige Faksimile-Ausgabe im Originalformat des Wolfenbütteler Sachsenspiegels Cod. Guelf. 3.1. Aug. 2° der Herzog-August-Bibliothek Wolfenbüttel, Graz 2006. HAB: HS 47-3805:Faks.; Evangeliarium Heinrici Leonis. Autorisiertes vollständiges Faksimile des Codex Guelf. 105 noviss. 2° der Herzog August Bibliothek, Wolfenbüttel und zugleich CLM 30055 der Bayerischen Staatsbibliothek, München, Frankfurt a. M. 1988. HAB: H2° 0277.50b; Vollständige Faksimile-Ausgabe im Originalformat des Reichenauer Perikopenbuches Cod. Guelf. 84.5 Aug 2° der Herzog August Bibliothek Wolfenbüttel, Graz 2009. HAB: HS 47-3808:Faks.

S. 54: Stundenbuch von Herzog August d. J., Flandern um 1520. HAB: Cod. Guelf. 84.2.1 Aug. 12°; Peter Malutzki: Remake eines Stundenbuchs des frühen 16. Jahrhunderts. Stundenbuch Herzog Augusts des Jüngeren, Flörsheim 2010. HAB: Malerbücher 62.591.

S. 57: Olaf Wegewitz: Mikrokosmos, Huy 1992. HAB: Malerbücher 45.2° 2.

S. 58: Hyewon Jang: Ordnung im Wissen. Zusammenfluss der Bestände, Wolfenbüttel–Halle (Saale) 2019. HAB: Malerbücher Dep. 23:1-4.

S. 59: Ulrike Stoltz: Caro Giordano. Resonanzen & Gestrüpp, Berlin 2020–2021. HAB: Malerbücher Dep. 26; Giordano Bruno an den Prorektor der Universität Helmstedt, 6. Oktober 1589. HAB: Cod. Guelf. 360 Novi, fol. 43.

S. 60: Foto: Frank Schinski.

S. 61: Foto: Katharina Mähler.

S. 62: Odine Lang: Alchemilla (Einblatt-Buch N° 4), [Aachen] [2017/2019]. HAB: Malerbücher 69.3620; dies.: Dryopteris (Einblatt-Buch N° 14), [Aachen] 2018. HAB: Malerbücher 69.69.3624; Johann Hieronymus Kniphof: Botanica in originali pharmaceutica Das ist: Lebendig-Officinal-Kräuter-Buch, Erfurt: Funcke 1733. HAB: M: Mf 4° 11 (1).

S. 64: Warhaffte abbildung deß fläckens Plurs, Einblattdruck, Zürich: Hardmeyer 1618. HAB: IP 18.

S. 66: Foto: Frank Schinski.

S. 68: Foto: Gudrun Schmidt.

S. 70: Wolfram Ax (Hrsg.): Von Eleganz und Barbarei. Lateinische Grammatik und Stilistik in Renaissance und Barock (Wolfenbütteler Forschungen 95), Wiesbaden 2001; Ferdinand van Ingen (Hrsg.): Gebetsliteratur der frühen Neuzeit als Hausfrömmigkeit. Funktionen und Formen in Deutschland und den Niederlanden (Wolfenbütteler Forschungen 92), Wiesbaden 2001; Claudius Sittig, Christian Wieland (Hrsg.): Die ›Kunst des Adels‹ in der Frühen Neuzeit (Wolfenbütteler Forschungen 144), Wiesbaden 2018; Mathias Herweg, Johannes Klaus Kipf, Dirk Werle (Hrsg.): Enzyklopädisches Erzählen und vormoderne Romanpoetik (1400–1700) (Wolfenbütteler Forschungen 160), Wiesbaden 2019; Annett Martini: Zwischen Offenbarung und Kontemplation. Die Wolfenbütteler hebräischen Schriftrollen. Mit Beiträgen von Ad Stijnman und Dagmara Budzioch (Wolfenbütteler Forschungen 163), Wolfenbüttel 2021; Anja Wolkenhauer, Johannes Helmrath (Hrsg.): Ägypten übersetzen. Fremde Schrift als Imaginationsraum europäischer Kulturen (Wolfenbütteler Forschungen 173), Wolfenbüttel 2022.

S. 72: Michael Wenzel unter Mitarbeit von Bärbel Matthey: Die Gemälde der Herzog August Bibliothek. Bestandskatalog (Wolfenbütteler Forschungen 133), Wiesbaden 2012.

S. 73: Petra Feuerstein-Herz, Stefan Laube (Hrsg.): Goldenes Wissen. Die Alchemie – Substanzen, Synthese, Symbolik (Ausstellungskatalog der Herzog August Bibliothek Nr. 98), Ausst.-Kat. Wolfenbüttel, Wiesbaden 2014; Klaus Niehr, Judith Tralles (Hrsg.): Welfen Sammeln Dürer (Ausstellungskatalog der Herzog August Bibliothek Nr. 100), Ausst.-Kat. Wolfenbüttel, Wiesbaden 2019; Jens Bruning, Ulrike Gleixner (Hrsg.): Das Athen der Welfen. Die Reformuniversität Helmstedt 1576–1810 (Ausstellungskatalog der Herzog August Bibliothek Nr. 92), Ausst.-Kat. Wolfenbüttel, Wiesbaden 2010.

Bildnachweis

S. 75: [Samuel Closius(?)/Johann Schwarzkopff]: Bibliothecae Augustae, [Lüneburg]: [Stern] [1660]. HAB: M: Bb 2268; Martin Zeiller, Matthäus Merian: Topographia und Eigentliche Beschreibung Der Vornembsten Stäte, Schlösser auch anderer Plätze und Örter in denen Hertzogthümer[n] Braunschweig und Lüneburg, Frankfurt a. M.: Merian 1654. HAB: A: 6.11.1 Geogr. 2°; Hermann Conring: De Bibliotheca Augusta, Helmstedt: Müller 1684. HAB: Xb 10854; [Johann Schwarzkopff]: Bibliotheca Augusta, o. O.: o. D. [1649]. HAB: M: Bb 2538 (1); [Johann Schwarzkopff]: Bibliotheca Augusta, o. O.: o. D. [1651]. HAB: M: Bb 2269 (2); Hermann Conring: De Bibliotheca Augusta, Helmstedt: Müller 1661. HAB: A: 44.1 Rhet.

S. 76: Besucherbücher der Bibliothek von Wolfenbüttel, 1667 ff. HAB: BA I, 150 ff.

Verzeichnis der Autorinnen und Autoren

PETER BURSCHEL
ist Direktor der Herzog August Bibliothek Wolfenbüttel und Professor für Kulturgeschichte des Mittelalters und der Frühen Neuzeit an der Georg-August-Universität Göttingen.

CHRISTIAN HEITZMANN
ist Leiter der Abteilung Handschriften und Sondersammlungen an der Herzog August Bibliothek Wolfenbüttel.

MIRA MARX
ist Wissenschaftliche Hilfskraft in der Abteilung Forschungsplanung und Forschungsprojekte an der Herzog August Bibliothek Wolfenbüttel.

MARGHERITA PALUMBO
ist Vorsitzende der Sodalitas Leibnitiana und Mitglied des Wissenschaftlichen Beirates der Gottfried-Wilhelm-Leibniz-Gesellschaft.

HOLE RÖSSLER
ist stellvertretender Leiter der Abteilung Forschungsplanung und Forschungsprojekte an der Herzog August Bibliothek Wolfenbüttel.

GUDRUN SCHMIDT
ist Leiterin der Abteilung Veröffentlichungen an der Herzog August Bibliothek Wolfenbüttel.

MANUEL ZINK
ist Geschäftsführer der Lessing-Akademie Wolfenbüttel.